清影·文艺锐见

中韩对话
中韩文化青年说

曹书乐　　　　　主　编
金舜炯　李莹　董方玉　副主编

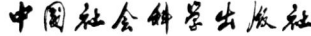

图书在版编目（CIP）数据

中韩对话：中韩文化青年说 / 曹书乐，金舜炯，李莹主编． -- 北京：中国社会科学出版社，2025.6. （清影·文艺锐见）． -- ISBN 978-7-5227-4263-2

Ⅰ. G122；G131.262

中国国家版本馆 CIP 数据核字第 2025N4V881 号

出 版 人	赵剑英
责任编辑	郭晓鸿
特约编辑	张　剑
责任校对	师敏革
责任印制	戴　宽

出　　版	中国社会科学出版社
社　　址	北京鼓楼西大街甲 158 号
邮　　编	100720
网　　址	http://www.csspw.cn
发 行 部	010-84083685
门 市 部	010-84029450
经　　销	新华书店及其他书店

印　　刷	北京明恒达印务有限公司
装　　订	廊坊市广阳区广增装订厂
版　　次	2025 年 6 月第 1 版
印　　次	2025 年 6 月第 1 次印刷

开　　本	710×1000　1/16
印　　张	15.75
插　　页	2
字　　数	205 千字
定　　价	86.00 元

凡购买中国社会科学出版社图书，如有质量问题请与本社营销中心联系调换
电话：010-84083683
版权所有　侵权必究

目 录

序　跨文化传播教育需要在场感 …………… 周庆安（1）

前　言 ……………………………………… 曹书乐（1）

第一部分　传统文化艺术

1　殿宇的对望：中国彩画和
　　韩国丹青 ………………………… 林　悦　黄智暎（3）
2　古寺的和声：从中韩佛寺看中韩
　　佛教文化 ………………… 刘书田　徐　弘　金书荣（27）
3　同源异途：全球化背景下的中医和韩医
　　现代化之路 ……………………… 于　憬　孙保罗（34）
4　争夺还是共享：中韩端午节比较 …………… 汪星宇（37）

第二部分　流行文化与青年文化

5　古音与今韵：中韩流行音乐中的文化
　　杂交现象 ……………… 祝　健　杨晨晞　李静怡（49）

目 录

6 狂欢与孤单:中韩粉丝应援文化中的
集体主义 …………………………… 李佳颐 金熙秀（64）

7 "文艺复兴"与"钢铁工业":中韩电竞产业
发展对比略谈 …………………………………… 刘宣伯（83）

8 沉醉中的清醒:中韩大学生饮酒
文化比较 …………………………… 朱鹏远 金秀倞（96）

第三部分 观念

9 Flex！中韩青年奢侈品消费行为观察 ………… 洪 源（113）
10 儒者治企:韩中企业文化比较 ………………… 金舜炯（119）
11 共同的挑战:中国大学生和韩国大学生怎么看待
性别问题？ ………………………… 殷茗琪 孟知殷（136）
12 屋檐下的变革:什么塑造了中韩两国年轻人的
家庭观？ ………………… 邓艺婧 龙新力 张 一（156）
13 冰火两重:中国学生对韩情感温度中的
性别差异 ……………………………………… 李闫涛（167）

第四部分 法律

14 虚拟世界的护栏:网络游戏时代儿童信息安全
保护何去何从 …………………… 周婧芸 宋金洋（187）
15 谁动了我的奶酪:中韩综艺版权之争 ………… 邓艺婧（195）
16 精英的诞生:韩中司法人员培养制度比较 …… 金舜炯（203）

后记 跨国融合式课程的创新探索
——基于清华大学"中韩对话"课程
建设的经验 ……………………………………… 曹书乐（225）

序 跨文化传播教育需要在场感

周庆安

曹书乐副教授的重要课程成果《中韩对话：中韩文化青年说》正式出版了，这是学院教育教学改革试点的一个成果，值得热烈祝贺。或许是因为我比较了解这门课程教学的不易，因此曹老师嘱我写几句话。

跨文化传播的教育教学，一直是个难题。这是一个需要多种场景相结合的教育教学，是一个在人类文明的宏大场域中开展的叙事，但又要立足于具体的知识点和实践工作展开，因此课堂教学的跨度很大，常常因为传授理论而忽略了具体的实践应用，又容易因为具体的实践案例而只让学生窥见一斑，难以系统全面掌握相关内容。

因此，中韩对话这门课程的开设，进行了一个大胆的尝试。清华大学和首尔大学的新闻传播专业联合开设这门课程，围绕在跨文化传播的知识背景下，两国学生同时远程同上一门课，中韩两位教授同步授课，学生在线对话分享，从而完成中韩文化在场的对话教学。从这门课程的教学来看，我以为跨文化传播的教育教学，需要进一步在当代国际传播的语境中，构建一种更加直观的在场感。中韩对话这门课程，就是这种在场感的尝试，也获得了一定的成功。

序 跨文化传播教育需要在场感

跨文化传播教育的在场感，首先能够为学生创造一个和文化直接对话的情境。跨文化传播的核心，在于在不同的文化情境中能够有效进行文化异质性的沟通。因此，熟悉多元文化的背景，是沟通的第一步。那么这时候就要有合适的人和合适的空间。在场感的建立，能够有助于跨文化传播教育降低陌生成本，最便捷地获取信息，掌握知识。

其次，跨文化传播需要更加精准的场合。跨文化的研究，对于不同文化之间的深耕十分必要。不同文化的对话，尽管有相似的理论体系，但是也有不同的应用情境。因此，有针对性地开展跨文化传播教育，其针对性更明确指向精准的文化情境。当然，这些年来区域国别研究的兴起，更为精准国际传播提供了丰富的田野。跨文化传播的教育，正应该在这样的具体田野中完成。

同时，我们还应该认识到，跨文化传播教育的在场感，也是对教育工作者本身的素质能力考察。不是所有的教师都可以娴熟地驾驭这种在场感。教师需要提前熟悉和适应跨文化情境，理解跨文化情境中出现的各种文化现象。以韩国为例，当前韩国流行文化的很多元素已经进入中国年轻人的文化视野中，中韩对话本身，就是在东亚文化圈中，两种不同的文化形态之间的深度对话。其包含的内容，既有理论的回应，又有实践的创新，更因为开设在新闻传播学科，所以能够密切跟踪政治经济和文化的热点，在热点中阐释跨文化传播的精要。

新闻传播教育的发展，也日渐需要更加深入的在场感。这些年来，新技术、新现象不断冲击这一学科的教育教学。许多传统的教育方式，容易停留在文本上。文本当然是新闻传播教育的出发点之一，但是新闻传播是一个与实践密切结合的学科。文本阐释了曾经发生的稳定现象，而现场诠释了一种动态的传播教育环境。新闻传播工作的师生群体如果能够通过教育构建出一种相对真实的情境，打造更加精准的在场感，就能进一步提升与实践的结合度，从而更好的完成知识构建和价值引领。随着移动互联网的普及，新闻传播已经成为一种功能性的基础学科。如果教育中的师生群体都没有在场感、媒体感，那么这个学科也就无法真正成为支撑基本社会功能的基础学科。

这门课程自2012年开办以来，得到了韩国首尔大学同仁的支持，也得到了中韩学生的关注。希望这本书能够为跨文化传播教育的在场感，提供更加丰富的佐证。

前　言

曹书乐

　　2015年的某一天，正在办公室的我突然收到之前教过的一名法学院的韩国留学生金舜炯的短信。他说来学院拜访我，问我在不在。我下楼来到新闻学院的门厅，他正满头大汗地跑进来，皮肤晒得黑黝黝的，衬得牙齿格外白亮。他脸上挂着开心的笑容，热情地拥抱我："曹老师，我来看您！"我很讶异，因为知道他这个时候应该正在韩国服兵役。

　　原来他利用了中间难得的假期来中国，办理了一些必要的手续后，就专门来探望我，并向我申请做次年"中韩对话"课程的助教。他说："曹老师，我在法学院的前两年都在上大课，只有您的选修课是小班，我在军队里一想起清华的生活，哎呀，跟我交流最多的老师竟然是外院的您！我还想以助教的身份，继续参与这门课。"后来跟别的韩国学生聊起，我才知道，服兵役期间的假期十分宝贵，男孩们都是用假期去探亲和看女朋友的，很少有人会去探望老师。

　　这是在我的教学生涯中、师生交往中让我记忆犹新的闪亮片段之一。

　　随后，2016—2017年，他连续两年担任"中韩对话"助教，并以学长身份协助后续几年的教学工作。因通过课程的参与架起

前言

清华中韩青年人的桥梁，他被韩国驻华大使授予"优秀大学生名誉外交官"的称号。在美国完成硕士学位后，他于2020年秋季回到清华法学院继续读博，立志成为韩国人中的"知华派"，在中美韩跨区环境与能源领域方面展开研究，以期为将来积极的中韩美多边关系发挥自己的作用。

金舜炯成为清华法学院史上第一个获得高校自荐的中国政府奖学金的国际博士生，而我是他的推荐人之一。他的成才，主要得益于法学院的培养。而我作为从他大一开始就通过授课和课外交往影响了他的价值观的新闻传播学专业教师，深感自豪。

他所提到的"中韩对话"这门课是我授课时间最长的两门课之一，这门课也使很多本科生得以认识我和喜欢我的课。这门课创办于2012年，是与韩国首尔国立大学合作创办的实时线上课程，每年都有20名以内清华大学学生和30名左右的首尔国立大学学生选课，课程为英文授课。两校师生每周一次通过屏幕跨时区同时上课，进行"面对面"的交流，听讲座、分享文化体验、做研究，经由对中韩文化的关注，了解跨文化研究，并促进文化自反性的形成。根据经费支持情况，两国选课学生还进行了不同形式的实地互访学习。这门课程在全校选课同学中有很好的口碑。

"中韩对话"课程在2013年曾被新华网以特写形式专门报道，标题为《"中韩对话"课程让跨文化沟通零距离》，后又在2017年教育部组织的清华大学本科教学评估中获得好评。美国加利福尼亚大学伯克利分校前校长和英国伦敦大学教育研究院院长选中该课，进行了听课，随后在对清华课程的综合评估时对该课程进行了充分的肯定。

每一年，选课的同学们都会围绕传统文化、性别、消费主义、个人主义与集体主义这四个主要领域选择自己感兴趣的话题展开合作研究，遵循研究方法的训练，进行中韩文化的比较，写成英文论文。因为选课同学来自各个院系，包括且不限于新闻与传播学院、人文学院、建筑学院、美术学院、法学院、化学系等，所以，同学们的研究兴趣纷繁复杂，对研究的分享也引发了其他同学极大的兴趣和讨论。

我们特地从历年的研究论文中选取出写得最好且最有意思的话题，请作者翻译成中文，重新修改和完善，集结成册。这些话题大多是年轻人非常感兴趣的话题，有些话题每年都会被同学们翻出来讨论一遍，比如说为什么中韩年轻人进入企业，感受到的企业文化不同，中韩大学生的饮酒文化不同在哪里，中韩粉丝应援文化有什么区别，中韩青年消费奢侈品方式为什么不同。

还有一些话题颇具争议性，如中韩端午祭之争、中韩综艺节目版权之争，实际情况究竟如何？是否和大众想的一样呢？

更有不少同学从专业角度出发，对中韩传统文化和当代文化中的现象展开深入探究，包括从建筑艺术视角出发，对太和殿与勤政殿的彩画和丹青的纹样和色彩进行对比；从法学视角出发，对中韩儿童信息保护立法进行比较，对中韩司法人员培养制度进行比较；从医学生角度出发，对中韩传统医药进行比较；从电子音乐创作者角度出发，讨论中韩流行音乐中的文化杂交现象；从传播学的游戏研究角度出发，对中韩电竞产业发展进行对比；等等。

这些议题兼具趣味性和学术性，读来令人爱不释卷，反映出一代优秀大学生积极的探索精神、活跃的思维和进行跨文化交流的能力。

要集结这样一群跨专业的大学生针对年轻人感兴趣的中韩文化问题展开研究，是十分难得的。借这门课的契机，我们奉献出这样一本令人耳目一新的图书。相信它们也一定会吸引广大的读者。

这本书是很多人共同努力的成果。首尔国立大学的姜明求（Kang Myungkoo）教授是本课程的韩方责任导师，清华大学的史

前言

安斌教授、郭镇之教授先后担任本课程的中方责任导师，后参与协同教学，由本人担任责任导师。清华大学新闻与传播学院的陈昌凤教授、金兼斌教授、周庆安教授、杭敏教授长期关心和支持本课的教学与国际交流，王庆柱老师、阮久利老师和刘颖鑫老师为课程提供了重要的支持，李红霞老师协助完成国际交流方面的事务。金舜炯、吴昶学、孔裕善、张艺霖、钱晶晶等优秀助教为课程投入了大量精力。清华大学全球胜任力发展中心和廖莹老师为课程建设提供了宝贵的指导和支持。

第一部分

传统文化艺术

第一部分

传统文化艺术

1 殿宇的对望：中国彩画和韩国丹青

林 悦 黄智暎[*]

中韩两国同处亚洲东部，受儒家文化和佛教的影响，在文化信仰、宗教礼仪、建筑形式等方面都有相似之处，历史上频繁的文化交流更增强了双方的文化认可。为此，让我们到象征着传统文化的最高宫殿去吧！去太和殿和勤政殿找"彩蛋"，以古建筑上的装饰纹样与色彩为切入点，观察、发现和探讨在两座伟大建筑物中体现出的文化异同，认识同源文化的各异表现，分析其象征意义，加深对中韩文化的理解。

一　作为权威符号的两座宫城

中国古代宫城设计思想是礼。儒家的礼制文化是直接为封建制皇权服务的，以天命观和礼序思想为基础，推行以皇权为核心的社会等级制度，因此，儒家礼制文化是中国古代宫城设计的重要思想基础。体现在建筑方面，便是规范建筑的规模和形制，即根据使用者的身份和需要，制定出体现社会等级的建筑体量、建

---

[*] 林悦，清华大学美术学院2014级本科生，现为"大观自然"品牌主理人，策展人；黄智暎（韩国），清华大学外文系2015级本科生，现为KDI国际政策大学院开发政策学2022级硕士生。

筑规模、建筑形式、建筑色彩和建筑装饰。明朝永乐年间，明成祖仿照南京皇宫营建北京宫殿，大殿取"奉天承运"之意命名为奉天殿；明朝嘉靖年间，明世宗为正位凝命，将大殿易名为皇极殿；顺治年间，顺治帝修复紫禁城中路建筑，大殿易名为太和殿（图1-1）。"太和"指大和谐，原意是指乾阳所赋予的元气，元气能产生万物的根本就在于其是和谐之气，它弥漫整个宇宙，意在构建一个和谐的社会。太和殿是故宫中体量最大、等级最高、规制最高的建筑物，是明清两朝举行盛大典礼的场所，凡皇帝登基大典、大婚、册立皇后、命将出征，以及春节、冬至、万寿三大节日，皇帝都要在此接受朝贺，并在此赐宴。

图1-1　中国故宫太和殿，林悦　摄

朝鲜也是深受儒家思想影响的国家。因此，新建宫殿也以儒家思想为宗旨建造。1392年，太祖李成桂推翻高丽王朝统治，建立了朝鲜王朝并迁都。勤政殿（图1-2）是朝鲜时期景福宫的中心建筑，是大臣们向国王敬礼或举行国家仪式、迎接外国大臣的地方，建于1394年（太祖三年），朝鲜前期的许多国王在勤政殿举行了国王即位大典。"勤政"意味着天下的事如勤则易治。德国学者安德烈·埃卡特曾这样评价："单纯，是韩国美术的特点，其中蕴含着崇高的优雅和精练美。"

图1-2 朝鲜景福宫勤政殿

二 讲究规制的中国彩画

彩画，是一种绘于建筑表面的精美装饰。彩画在中国有悠久的历史，"雕梁画栋"这个成语足以说明中国古代传统建筑雕饰彩画的发达和辉煌，我们在此研究的建筑装饰纹样就是彩画的构成部分。《营造法式》中对彩画用色规制、上色方法及纹样使用的相关规制有详尽的描述：

  彩画之制：先遍衬地，次以草色和粉分衬所画之物，其衬色上方布细色、或叠晕、或分间剔填，应用五彩装及叠晕碾玉装者，并以赭笔描画浅色之外，并旁描道量留粉晕，其余并以墨笔描画浅色之外，并用粉笔盖压墨道。

  衬地之法：凡枓栱梁柱及画壁，皆先以胶水遍刷（其贴金地以鳔胶水），贴真金地，候鳔胶水干，刷白铅粉，候干，

· 5 ·

又刷，凡五遍，次又刷土朱铅粉（同上），亦五遍（上用熟薄胶水贴金，以绵按，令着实候干，用玉或玛瑙或生狗牙研令光）。五彩遍装之制：梁、栱之类，外棱四周，皆留缘道，用青绿或朱叠晕（梁栿之类，缘道，其广二分，枓栱之类，其广一分），内施五彩诸华，间杂用朱或青绿剔地，外留空缘，与外缘道对晕（其空缘之广，减外缘道三分之一）。

华文有九品：一曰海石榴花（宝牙华、太平华之类同），二曰宝相华（牡丹华之类同），三曰莲荷华；以上宜于梁额、撩檐、方椽柱、枓栱、材昂、栱眼壁及白版内，凡名件之上，皆可通用。其海石榴，若华叶肥大、不见枝条者，谓之铺地卷成，如华叶肥大而肥露枝条者，谓之枝条卷成，并亦通用，其牡丹华及莲荷华或作写生画者，施之于梁额或栱眼壁内……如方桁之类，全用龙凤走飞者，则遍地以云文补空。①

由上可知彩画规制之讲究随着统治者权力不断扩大、社会等级越发清晰，彩画超脱了宫殿装饰艺术的存在，成为礼制文化的符号体现。

三　名副其实的"龙的传人"

上文提到，太和殿是故宫中等级最高的宫殿，所以，我们在这座建筑上能看见彩画中的最高类别——和玺彩画。和玺彩画，以"∑"斜形大线（图1-3岔口部分）构图为特征，是清代创建的一类彩画。这类彩画的名称，最早见于清工部《工程做法则例》，当时称为"合细"彩画。1934年，梁思成先生著《清式营

---

① （宋）李诫撰：《四库家藏：营造法式》，山东画报出版社2004年版，第135页。

造则例》一书时，首次将此类彩画称为"和玺彩画"，后此称呼被世人沿用至今。[1]

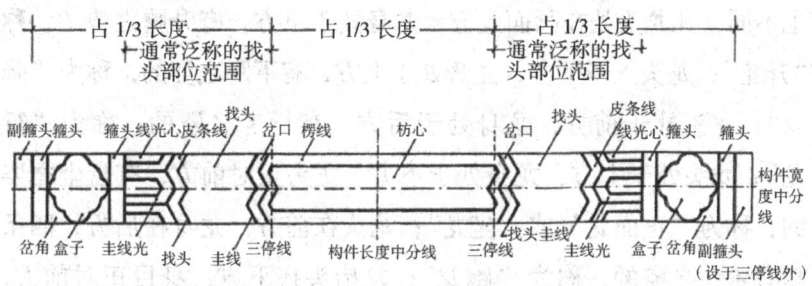

图1-3 和玺彩画各部位纹饰名称图[2]

和玺彩画的制法共分为六等，其中，龙和玺以龙纹为主题，属和玺彩画中等级最高的一种，只能在皇帝登基、理政的重要殿堂、坛庙的主殿中使用，作为精美的工艺装饰彰显宫殿的气度恢宏。在太和殿的彩画里有五个代表样式：龙纹、植物纹、云纹、宝珠火焰纹、文字纹。

（一）龙纹

太和殿上的彩画样式属于金龙和玺彩画（图1-4），属和玺彩画中的最高等级。金龙和玺彩画中最为突出的纹样便是龙纹。

图1-4 太和殿正面的金龙和玺彩画，林悦 摄

---

[1] 蒋广全：《中国建筑彩画讲座——第四讲：和玺彩画（上）》，《古建园林技术》2014年第3期。

[2] 蒋广全：《中国建筑彩画讲座——第四讲：和玺彩画（上）》，《古建园林技术》2014年第3期。

龙纹包括大龙纹（简称龙纹）和夔龙纹。大龙亦称真龙，象征真龙天子，象征天，象征皇权。因龙纹画法姿势的不同，名称也不同，凡龙头处在画面上方，龙身处于下方，有升腾之势的，称"升龙"；龙头处于下方，龙身处于上方，有下降之姿的，称为"降龙"；龙头处于前方，龙身处于后方，有行走之姿的，称为"行龙"；龙头处于上方，龙身处于下方，龙头正对前方，有盘坐之姿的，称为"正面龙"或"坐龙"；龙头在前方，龙身在后方，四条腿有跑动之姿的，称为"跑龙"；龙抬头在下方，身目正对前方，龙身在上方，其身有练把式之姿的，称为"把式龙"。[①]还有身在后，头在前，但头有扭转向后看之姿的，称为"回头龙"。

此外，在我们实地考察的过程中，还发现有一种龙头位于龙身之间，身体有回转之姿，但龙头目视前方。这种龙纹并没有在我们阅读的参考文献中被提及，因此有待进一步考察。

夔龙，又称草龙，有软硬画法之分，是按大龙构成的一种变形画法，用卷草组成龙形，亦有头、有角、有腿、有尾，在等级上大大低于大龙。[②]

太和殿上的所有装饰龙纹皆为大龙纹，样式之多，囊括了上述提及的龙纹。单条的升龙或降龙，多出现在和玺彩画的找头部位（图1-3），给彩画增添灵动的感觉。坐龙一般出现在梁枋上的和玺彩画（图1-4）和柱头的和玺彩画的盒子部位（图1-3、图1-4、图1-5），行龙多以对称形式出现在建筑开间中彩画的枋心上（图1-5），对称结构，显得庄重。还有的位于垫拱板中（图1-6）。坐龙头部目视前方，龙身盘踞为团形，尾部朝向建筑中线，气势恢宏，是所有龙纹中最端正的形态。除了建筑彩画中

[①] 蒋广全：《中国建筑彩画讲座——第四讲：和玺彩画（上）》，《古建园林技术》2014年第3期。

[②] 蒋广全：《中国建筑彩画讲座——第四讲：和玺彩画（上）》，《古建园林技术》2014年第3期。

有坐龙纹，皇帝服饰的主要部位也有使用。

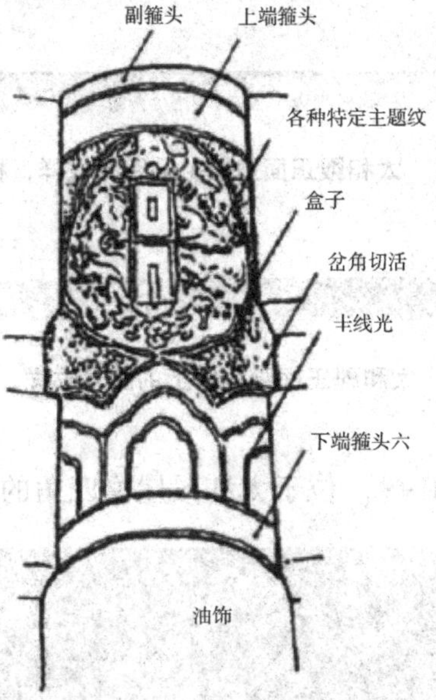

图1-5 和玺彩画的柱头彩画

图片来源：蒋广全《中国建筑彩画讲座——第四讲：和玺彩画（上）》，《古建园林技术》2014年第3期。

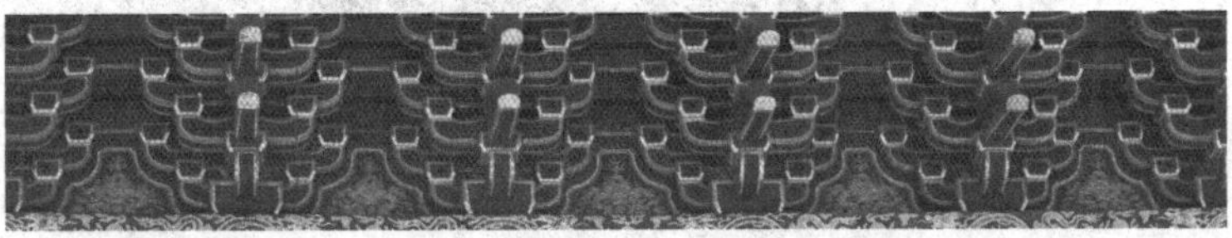

图1-6 太和殿正面朱红垫拱板上的坐龙纹样，林悦 摄

跑龙多见于垫板（图1-7）和平板枋（图1-8）。"垫板做跑龙，由跑龙——宝珠火焰为一个图案单位，以开间中线为对称轴线正放宝珠火焰，分别向左右成跑龙——宝珠火焰——又跑龙——再宝珠火焰……的对称式展开。直至排满垫板。"[①] 跑龙朝

---

① 蒋广全：《中国建筑彩画讲座——第四讲：和玺彩画（上）》，《古建园林技术》2014年第3期。

向中轴线，具有强烈的方向感，加上龙姿的动势，图案形成集中聚合的动感。

图1-7　太和殿正面垫板上的跑龙纹样，林悦　摄

图1-8　太和殿正面平板枋上的跑龙纹样，林悦　摄

把式龙（图1-9）位于太和殿屋檐四角的老角梁底部。

图1-9　太和殿西南角老角梁的把式龙纹样，林悦　摄

回头龙（图1-10）位于太和殿东西两侧最边上的开间前，龙扭头回望身后，像是宫殿的守护者。

最后还有一种不能确定的龙纹（图1-11），出现在太和殿东侧的平板枋上。这种龙纹似乎是要在平面上表达空间中盘旋的龙，龙头顶奇怪的圆环，异于先前其他龙纹头部的装饰。依前面分析的龙纹的共同特征来看，一条龙由一头一尾和四爪组成，所以可以确定的是这款龙纹确是表达一条龙的龙纹，但其名称和具

1 殿宇的对望:中国彩画和韩国丹青

图1-10 太和殿靠西开间的回头龙纹样,林悦 摄

图1-11 不确定的龙纹,林悦 摄

体含义还有待考察。

除了以单体形式存在的龙纹,还有以组合形式出现的龙纹。例如双龙纹配以宝珠火焰纹,呈二龙戏珠状,具体表现有两种形式。一是对称式的双龙,由两条头部相对的行龙组成(图1-12),出现在和玺彩画中心的枋心上,因其结构对称,使画面整洁、庄严,对应枋心在彩画中所处的中心位置,更显宫殿的肃穆庄重,给人以震慑天下之感。二是鸳鸯龙,鸳鸯龙也有两种类型,一种是比较常见的,由一条升龙和一条降龙组成(图1-13),出现在太和殿东西两侧的和玺彩画的找头上,一升一降,画面灵动,使宫殿看起来生机勃勃;另一种由两条头部相对的原点对称的行龙组成(图1-14),出现在太和殿正面的梁枋底部。

(二)植物纹

植物纹样中主要是西番莲纹、灵芝纹和少量用以点缀的卷

· 11 ·

第一部分 传统文化艺术

图1-12 太和殿东侧和玺彩画枋心的双龙戏珠,林悦 摄

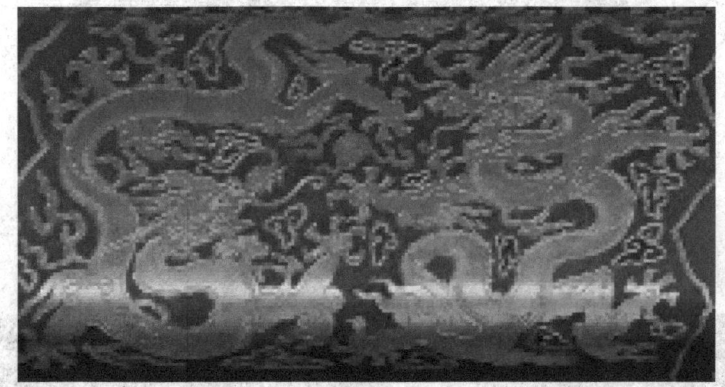

图1-13 太和殿东侧和玺彩画找头的双龙戏珠,林悦 摄

图1-14 太和殿正面梁枋底部的行龙组合,林悦 摄

草纹。西番莲纹主要分布在檐椽底部(图1-15)、雀替底部(图1-16)和彩画的线光心中(图1-17),融合了宝相花纹的特点,花瓣多而层次丰富,寓意富贵荣华。在明清,涉及西番莲纹的使用有专门的律例条规,在建筑装饰图案方面有严格法式规定,并且只出现于宫廷装饰的营造法式中,寻常百姓很少使用。[①] 使用

---

① 廖晓霞:《中国花卉纹样的西来因素——以西番莲纹为例》,《艺术与设计》2013年第10期。

1　殿宇的对望:中国彩画和韩国丹青

西番莲纹代表着明清时期上层高贵者的身份,象征着皇权至上,社会等级制度不可逾越,同时也反映了当时拥有者的富贵奢靡。①

图 1-15　檐椽底部的西番莲纹,林悦　摄

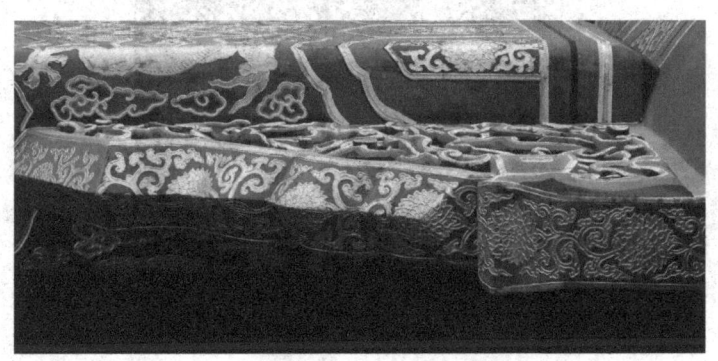

图 1-16　雀替底部的西番莲纹,林悦　摄

灵芝纹分布在飞椽底部(图 1-18)和彩画的线光心中(图 1-19)。灵芝纹属于以"灵芝草"为题材的一种寓意纹样。其盖面上有一圈云状环纹的灵芝,又被称为"瑞征"或"庆云"。古今药理与临床证明,灵芝确有防病治病、延年益寿之功效,古时更有"仙草"之誉……成为长寿富贵、如意吉祥的象征。②

---

①　廖晓霞:《中国花卉纹样的西来因素——以西番莲纹为例》,《艺术与设计》2013年第 10 期。

②　徐肖梅:《传统家具中的装饰纹样——灵芝纹》,《家具》2009 年第 S1 期。

第一部分 传统文化艺术

图1-17 彩画的线光心中的西番莲纹,林悦 摄

图1-18 飞椽底部的灵芝纹,林悦 摄

图1-19 彩画的线光心中的灵芝纹,林悦 摄

卷草纹（图1-20），也称唐草纹，主要作为西番莲纹和灵芝纹的辅助使用，可以根据空间灵活调整数量，多以对称结构出现。

图1-20　和玺彩画的柱头彩画线光心中的卷草纹，林悦　摄

（三）云纹

太和殿的装饰云纹主要有两大类：片金流云纹和围绕在龙纹附近的祥云纹。片金流云纹（图1-21、图1-22）出现在挑檐枋上。做法是大青色地，上面做片金流云纹。①

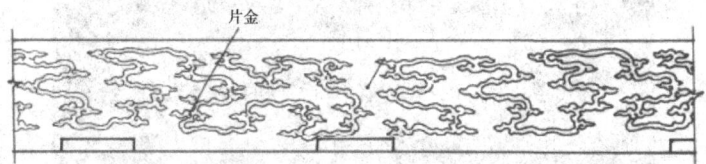

图1-21　片金流云纹

图片来源：蒋广全《中国建筑彩画讲座——第四讲：和玺彩画（上）》，《古建园林技术》2014年第3期。

图1-22　太和殿挑檐枋上的片金流云纹，林悦　摄

---

① 蒋广全：《中国建筑彩画讲座——第四讲：和玺彩画（上）》，《古建园林技术》2014年第3期。

祥云纹（图1-23、图1-24）主要用于填充龙纹附近的多余空间，以双色填充的细碎形状同庞大的整洁龙纹形成鲜明对比，画面主次分明。

图1-23　和玺彩画上围绕在龙纹周围的祥云纹（一），林悦　摄

图1-24　和玺彩画上围绕在龙纹周围的祥云纹（二），林悦　摄

（四）宝珠火焰纹

宝珠火焰纹（图1-25）一般也是伴随着龙纹出现的。传说古时候有一种能聚光引火的珠，称宝珠，是一种象征着祥光普照大地、永不熄灭的吉祥之物。形式有两焰、四焰、八焰等。与英武的龙组合时，宝珠则是雷和闪电的神力的象征。

1 殿宇的对望：中国彩画和韩国丹青

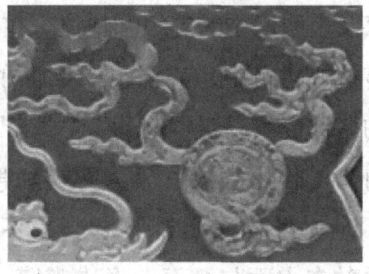

图 1-25 和玺彩画上龙纹附近的宝珠火焰纹，林悦 摄

（五）文字纹

文字纹则有两种：金万字纹（卐）和圆寿纹。金万字纹（卐）在古代印度、希腊、波斯等国被认为是太阳或火的象征，后应用于佛教，它随佛教传入中国，寓万德吉祥之意。万字纹（图1-26）以方形出现在太和殿的飞椽边缘。圆寿纹（图1-26）由汉字"寿"字加以圆形的适形抽象提取而来，线条环绕不断，寓意生命绵延不断。

图 1-26 太和殿正面飞椽上的金万字纹（卐）和
檐椽上的圆寿纹，林悦 摄

四 韩国丹青：此丹青非彼丹青

丹青是丹砂（朱砂）与青䕺的合称。韩国的丹青指的是在木制建筑上使用青、红、黄、白和黑色来彩画各种纹样。丹青被用来保护建筑物的外表和掩盖建材质量上的瑕疵，同时强调建筑物的特

色，以及表明房主的等级和地位。在韩鲜王朝汉城和其他城市的大多数传统式建筑中，甚至包括寺庙在内，都可以见到丹青的踪迹。丹青的名称也可以叫"丹碧""真彩""唐彩"和"丹漆"等。

丹青的作用大致可分为两类。第一，丹青保存木材而隐藏粗糙的不足。丹青采用矿物材料、不变色，通过彩色矿物与黏合剂，外敷在木面与壁面上形成表膜，可以保温和防腐而防止受到损害。因为在韩国木材十分稀少，所以松树也常常被作为建筑材料使用。但是，松树表面粗糙、不平直，有时会变丑或变形，在这种情况下为了弥补木材的缺陷，就使用丹青修补。第二，丹青含有表达品级序列的意义。丹青的样式根据建筑的不同而不同，即使是相同功能的建筑，也体现出不同时代或地区的特点。

丹青有悠久的历史。我们能够亲眼目睹的最古老的韩国丹青，就是高句丽古坟的壁画。到了朝鲜时代，建筑样式的发展随着更多宫殿、寺院的建立变得更加多样，于是，丹青种类也随之多样化蓬勃发展。现在韩国留存的丹青几乎都是这个时期的，这时期的丹青不同于高丽时代稳重的表达方式。经历无数次的战乱与文物制度的变化，以及国教从佛教转到儒家后的政治、文化和社会的气氛的变化等，丹青的样貌亦发生了很大的变化。朝鲜时代丹青的一般特征是五色装饰的构成，十分复杂，多彩绚丽的色彩形成华丽的对比。那些纹样和构成形式高度新颖、严谨，使用色彩的方式十分具有表达性且多彩、明显。

五　啊！似曾相识的感觉

纹样既是思想意识的反映，又是精神活动的产物，同时还是创造性的美化活动的结果。纹样上出现的大自然是根据一般传统而规定的第二自然。韩国丹青的纹样，在一栋建筑的每个楼层都有很多种不同的排列构成，形成了有秩序的多样而特定的系统。

这些纹样的秩序和体统根据不同的颜色来贴合。按照丹青造型形式，韩国丹青一般可分成以下几类：假漆丹青、画丹青、毛老丹青、金毛老丹青、金丹青。根据丹青纹样在装节构成所占据的位置分为四种：头草、别枝书、锦纹样和天井纹样。

勤政殿的丹青使用的是多种多样的植物纹样，使用最多的是莲花，主要用的丹青种类是金毛老丹青。金毛老丹青是可称为毛老的上位丹青（图1-27），直晖①常见于金直晖，以大概三到五人晖②构成的代表宫殿丹青形式。毛老丹青中间通常留有空白，或者彩画简单的纹样，或涂单色的几何纹样（图1-28）。

图1-27 金毛老丹青

勤政殿上对丹青的使用，上半部是莲花，下半部是半波莲花。在韩国丹青中，莲花象征着生命创造和永恒不变的意义，这与莲花的生长过程有关。波莲花是盛开后花瓣耷拉在一边的模样，花瓣形状突出了上面的部分和圆形（图1-29）。③

在莲花上面有像石榴一样的装饰纹样，是石榴与象征罐的

---

① 在韩国丹青上，"晖"指用许多探子分开彩画。
② 人晖类似于"人"字，使用于毛老或金丹青，涂色显明、简洁，给人留下强烈印象。
③ 전소리，"단청 머리초 문양을 응용한 창작 크리에이티브 작품 연구"，광주여자대학교 교육대학원 미용교육학 석사학위 논문，2014，p.29.

第一部分 传统文化艺术

图1-28 人晖

图1-29 勤政殿昌方头草上的纹样，黄智暎 摄

"胴"字的结合的纹样（图1-30）。石榴原本是从西域传过来的，味道酸，孕妇吃了可以开胃，被认为是生儿子的象征，由此引申为多子多孙的祈福之意，在朝鲜时代的传统婚礼服装上也被作为装饰使用。

从勤政殿的底部抬头看屋檐下侧，就能看到牛鼻形状。牛鼻的名称是因为纹样的模样像牛的鼻子，在中国类似的纹样称为"如意"。牛鼻是以前中国道家兴盛时，以灵芝、瑞云等形象采用样板绘制的，表征吉利或用于表达恭喜的圣具（图1-31）。

1 殿宇的对望:中国彩画和韩国丹青

图1-30 石榴胴,黄智暎 摄

图1-31 牛鼻,黄智暎 摄

在勤政殿的棱角部分可以看到唐草纹样,源于中国的云纹样、夔龙纹样,以及与这些纹样搭配的攀缘茎盛开模样,以古埃及、古希腊的纹样为基础,继而组合为韩国唐草纹样①,亦可称为忍冬纹样或草叶纹样。忍冬是在韩国和中国等地随处可见的寄生藤植物,因为它不仅经得起冬虫,而且不断地长出枝蔓,所以象征着连绵不绝(图1-32)。

朱花是在丹青上第二常用的红色纹样。这一纹样简洁又美丽,通常由四个花瓣组成,有时也可能是六到八个花瓣,有四方、菱形、圆形等形状(图1-33)。

---

① 안상수,한국전통문양집 I-꽃무늬 편,안그라픽스,1987,p.186.

第一部分 传统文化艺术

图1-32 唐草,黄智暎 摄

图1-33 朱花,黄智暎 摄

太平花意味着天下太平、万事平安的祈愿,是各种丹青形式上常常被使用的纹样(图1-34)。

绿化(涡纹)意味着水的旋涡、波涛弧线、旋风、云的变化等自然现象与蕨科植物(图1-35)。

在勤政殿中要更仔细地观察才能看到蔓纹样。蔓草熬过冬天,又由于长时间的攀缘生长,表现出了蜿蜒曲折的一面,象征着长寿。一般与其他花纹相结合,常作莲花蔓纹样、牡丹蔓纹样等(图1-36)。

图1-34 太平花,黄智暎 摄

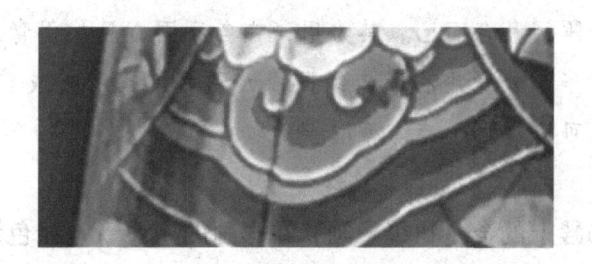

图1-35 绿化,黄智暎 摄

图1-36 蔓纹样,黄智暎 摄

六 五行学说的影响

《尚书·洪范》① 中记载:"五行,一曰水,二曰火,三曰木,四曰金,五曰土。"五行说将五数与五色以及五行相克理论融合

---

① 《尚书》是古代的历史文献,记录从尧、舜开始,到夏、商、周三代的资料。

在一起，形成中国一大传统的色彩审美体系。五行对应的色彩是：金为白、木为青、水为黑、火为赤、土为黄，对应的五行方位是：木为东、火为南、金为西、水为北、土为中央。

在韩国，阴阳五行学说的影响很大。在空间设计方面，五行方位的概念几乎全面地用于生活空间上。左青龙、右白虎、南朱雀、北玄武的设计体现了五行学说对于韩国人思想的深刻影响。人们认为，如果可以合理运用这些守则，那么就会个人祥瑞、国家繁荣。①

在《营造法式》中，对彩画的颜色提取及使用有一定描述：

> 取石色之法：……五色之中，唯青、绿、红三色为主，余色隔间品合而已。其为用，亦各不同，且如用青，自大青至青华，外晕用白，朱绿同，大青之内，用墨或矿汁压深，此只可以施之于装饰等用。②

太和殿上的金龙和玺彩画，在彩画的主要青、绿色调中，以大量金色对纹样进行处理，使宫殿看上去熠熠生辉；在微小的地方，使用偏暖的朱红作调节填充，描线部分以细细的黑线和白线勾勒，完整体现着阴阳五行学说的色彩观念。

而韩国的传统颜色，是指自古以来传承的文化遗产中，在寺庙或宫殿上彩绘的丹青，或传统服饰和拼布图案上的颜色。丹青的色彩有基本的构成，即使随着时代变迁，使用和排序的变化有所不同，但鲜明的色彩对比和强烈灿烂的表达方式还是一脉相承的。

丹青在色彩上有明确的规律和标准。综合考虑明暗度、饱和度、色相，形成规范的配色规定。因此，在这个相对统一的规范

---

① 변성민，"조선시대 궁궐 색채 특성 분석을 통한 색채 팔렛트 및 배색 유형 구축에 관한 연구"，이화여자대학교대학원：디자인학부색채디자인 석사학위 논문，2009，p. 16.
② （宋）李诚撰：《四库家藏：营造法式》，山东画报出版社2004年版，第136页。

之下，韩国的一切建筑物的丹青彩色具有系统性。

韩国典型的丹青色彩大部分在朝鲜时代被确立。在朝鲜时代，佛教被抑制后，虽然佛寺的丹青减少了，但崇尚儒家的思想在宫殿的丹青中得以持续。韩国的传统色彩是根据中国的阴阳五行说产生的，基本色彩是以青、朱、白、黑、黄五色为配合，混合起来可以得到许多色彩。朝鲜时代的丹青特征是根据建筑物内外的装饰来调配，如外部丹青的亮色系明显增加了色彩的鲜明度，那么内部丹青就主要使用亮度较低的绿青。

七　相似而不相同

通过像找"彩蛋"一样的方式，将太和殿与勤政殿的装饰纹样与色彩相匹配，我们对比发现太和殿和勤政殿有很多相似之处。太和殿和勤政殿都以平面装饰手法为主，运用描线、平铺的手法在二维平面上划分、丰富空间；以阴阳五行学说为色彩指导，依据国家意识进行装饰的色彩搭配；创作并运用吉祥寓意的图腾、纹样组合，营造出专属于东方的华丽而又神秘的宫廷美学。中韩两国的先辈们借助建筑细节的表达祈祷国泰民安的愿望惊人的相似。

但是也确实存在不同点。其一，名称不同，在建筑构件上相同类型的平面装饰，在太和殿上被称为"彩画"，在勤政殿上则被称为"丹青"。其二，样式不同，虽然两殿装饰纹样皆以植物纹样居多，多有吉利寓意，并且通过反复运用的手法填充建筑构件，但太和殿还使用了大量的龙纹装饰，是皇权至高的象征，突出人定胜天的、与自然抗衡的至尊笃定；勤政殿使用最多、单独出现的纹样则是莲花纹，原本是佛教意味浓厚的纯净、高洁的旨意，呈现出祥和太平的时代氛围。其三，色彩搭配不同，太和殿强调至尊华丽的金色，以大量的黄金装饰彰显宫殿的地位和重要性，其余主要用偏冷色调的青绿作金色的搭配，部分用朱色和细细的黑线白线作为点缀；勤政殿主要使用矿物颜料填色，以大面积的绿色为主，辅以朱、青、黑、白四色，用金量较少，是更加与自然相协调的配色。其四，表达方式不同，两殿装饰纹样主要以描线、平铺两种手法为主，不过太和殿的纹样更有现实性，在细节上会增加边缘厚度来增强纹样的立体感；勤政殿的纹样通过使用稍宽的描线表达温柔的气氛[1]，为平面的装饰带来丰富的变化。

八 拥抱传统文化吧！青年们

近年来，选择与故宫联名推出产品的商家越来越多，如和美妆行业的毛戈平联名打造"气蕴东方"系列美妆，和服饰行业的李宁联名推出以"六龙御天"为灵感的运动鞋，还有和餐饮行业的"奈雪的茶"联名的"方盒月饼"。行业跨界范围之大，涉及品类之丰富，不免给人一种国货正在崛起、国风正在席卷洪流之感。同样，在韩国，商业和传统文化的结合也开辟了消费市场的新领域。像"后Whoo"的定位就是宫廷奢华护肤品牌，通过举办展览和活动，品牌方既能顺势做产品推广，打造和积累品牌文化资产，又可以面向公众弘扬宫廷文化。

这些商业和传统文化结合的现象，使传统文化能够在大众流行文化层面重新被激活并大受欢迎，当然是好的趋向，但还是难免让人疑惑：大众对于传统文化是符号化的消费，还是真切感受到文化复兴？在此趟"彩蛋"之旅中，我们希望通过这些用双眼就能看到的传统文化，探讨它们背后的象征，让更多人"知其然知其所以然"。

青年们以何种姿态迎接传承下来的传统文化，这或许是我们的研究更深远的意义，愿与青年们一齐努力追寻，共勉！

---

[1] 박영순, "전통궁궐 건축에 나타난 한중일 문양 비교 연구", 연세대학교 생활과학대학 디자인학연구, 2003, p.319.

2 古寺的和声：从中韩佛寺
看中韩佛教文化

刘书田 徐 弘 金书荣[*]

寺庙是综合艺术，是当代宗教信仰文化的典型体现。佛教在中韩两国的文化中发挥着重要作用，影响了寺庙的风格。中国和韩国的寺庙各有独特的体系，也有相互联系的地方。本文通过比较中国的法源寺和韩国的通度寺，探究中韩两国的佛教如何影响人们的认识和寺庙的建筑。

一 回首：佛教在中韩两国的发展与交流史

（一）佛教在中国的发展

自古以来，中韩文化交流频繁，佛教文化的交流也不例外。在中国，佛教最初于公元1世纪（两汉时期）由印度僧侣传来。在中国佛教初期，将梵文书籍翻译成中文是最主要的宗教活动。隋唐是中国历史上较为繁荣的时期。当时，佛教因受到贵族阶级的推崇而蓬勃发展，不同佛教学派应运而生。唐朝年间，一位来

---

[*] 刘书田，清华大学新闻与传播学院2013级本科生，现清华大学校机关职员；徐弘，清华大学法学院2014级本科生，现于英国工作；金书荣（韩国），清华大学法学院2013级本科生，现于韩国从事法律工作。

自新罗（朝鲜半岛历史上的国家之一）的王子成为佛教僧人，并前往中国学习佛教。这位王子本名"文雅太子"，成为僧侣后易名"圆测法师"。来到中国以后，他成为师从玄奘大师的五十位学生之一。研究者们认为，他翻译的《解深密经》是该书较为重要的译本之一。

佛教传入中国以后，同儒教、道教一起发展并相互影响，诞生了具有中华民族特色的佛教文化。中国佛教对文化和人们的思想有着深远的影响。研究者们认为，佛教文化经历了至少五百年的发展和演变，产生了异于印度佛教的特点。

（二）中韩佛教文化交流的历史

在深入研究中韩寺庙的文化差异前，首先需要对中韩佛教文化交流历史有所了解。我们找到两篇相关文献。其中，一篇以韩国通度寺为例，论述中国佛教宗派对韩国华教寺庙空间演变的影响；[①] 另一篇概述韩国佛教的历史发展和中韩之间的交流。[②] 作为主流宗教之一的佛教对韩国本土文化有着关键性的影响。

中国作为韩国重要的海上邻国，对韩国的文化、政治体系及其他方面都具有影响。一直以来，佛教都是维系两国文化交流的纽带之一。不同朝代的官方文献和佛教三藏保存了大量关于新罗和其他佛教国家的历史资料。中国佛教于公元372年传入韩国，并于此后的1500年间经历了三国时代、统一新罗时代（此时佛教与儒教并存）、高丽王朝时代（此时佛教受到极力推崇）、朝鲜王朝时代（此时儒教得到了良好的发展，而佛教受到了抑制）。综上所述，佛教始终与韩国的政治、经济和国家文化紧密相连。

（三）关于通度寺的现有研究

通度寺由慈藏律师于公元646年（善德女王时期）建成。相传

[①] 郑凌予：《中国佛教宗派对韩国华教寺庙空间演变的影响——以韩国通度寺为例》，硕士学位论文，西南大学，2012年。

[②] 黄心川：《韩国佛教的发展过程及其与中国的双向交流》，《中国文化研究》1995年第1期。

慈藏律师建造通度寺时引入了部分中国唐朝的大藏经和释迦如来真身舍利。当他从唐朝归来，向人们传授佛教知识时，天降甘霖。

通度寺建成于公元646年（统一新罗时代），当时通度寺并不是一座大型寺庙，在建成时期除了僧侣的寝室只有三座建筑。此后，尤其是在佛教成为重要国教的高丽王朝时代（公元10—14世纪），通度寺的建筑发生了改变。朝鲜王朝时代中期，英祖王在执政期间（公元18世纪）给通度寺增加了新的建筑。尽管朝鲜王朝尊崇儒教，佛教在英祖时期还是得到了发展。如此的发展趋势对通度寺的建筑规模和数量产生了巨大的影响。因此，通度寺体现了不同朝代的建筑风格。对通度寺来说，所有变化均有根据，并非凭空而来。①

通度寺由四个部分组成：普光殿、下炉殿、上炉殿和中炉殿。这样的建筑规则体现了"上求菩提，下化众生"的思想。据说三炉殿"下、中、上"的不同安排是出于强化"下化众生"的力量需要。② 据说通度寺的真身舍利在朝鲜王朝时代于日韩战争中为日所夺。战后，韩国历史上一位著名的僧人前往日本取回了这一珍宝。③

（四）关于法源寺的现有研究

法源寺坐落于北京中部西南角，是京城最为古老的佛教名刹之一。法源寺最初名为"悯忠寺"，由唐太宗李世民于公元645年建成，后于明朝正统年间（公元1436—1449年）修葺。唐太宗的初衷是以此哀悼北征辽东的阵亡将士。法源寺占地6700平方米，拥有大量文化遗迹，包括古代青铜器、石狮和"华严三圣"

---

① Zheng, Ling-yu, Qin, Hua, Jiang, Rong-zuo, "Analysis of the Space Composition of Tongdosa Temple in South Korea", *Chinese Landscape Architecture*, 2012.

② Hong, Y. S., "Structural Characteristics of Korean Temples as They Relate to Korean Culture", *Journal of Marketing for Higher Education*, 1997, 45 (2).

③ Shin Da Hyeon, *About the Spreading of the Zhenshensheli in Korea*.

像。法源寺还保留了大量明清时代的佛教文献。[①]

若要了解人们拜访寺庙的原因，佛教寺庙的游客如何分类便十分重要。根据一篇关于佛教寺庙旅游者类型研究的文献，寺庙旅游者大致有五类人群：虔诚香客、开光客、许愿香客、许愿游客和观光游客。[②] 置身钢筋混凝土森林之中，法源寺独树一帜，营造了异常宁静的氛围。法源寺的僧侣温文尔雅。法源寺创立了诗社并每年组织活动。访问法源寺，必能感受内心的平静与安宁，或许这就是有些人常在周末拜访法源寺的原因。

二 方法：观察与访谈

我们走访了法源寺，采访了僧侣和游客，了解了中国人和韩国人对本国传统佛教寺庙的看法；还访谈了三位宗教学、佛教文化、佛教建筑学的教授，向他们请教佛教观念对其建筑特色的影响。结合以上资料综合分析，本文旨在对佛教和佛教文化的影响如何体现在中韩传统寺庙建设中形成一个较为准确的认识，以及找出两国人民对本国传统佛教建筑的认知差异。

三 发现

（一）通度寺与法源寺建筑结构的异同

由于中国在文化方面对韩国产生了巨大的影响，中国传统佛教寺院与韩国寺院有着密切的联系和相似的格局。因此，通度寺和法源寺的建筑结构在很多方面是相似的，但二者之间也存在细微差别。

[①] https://en.wikipedia.org/wiki/Fayuan_Temple.
[②] 彭惠军、黄翅勤、罗文、王鹏：《佛教寺庙旅游者类型研究——基于观察法的实证分析》，《旅游科学》2012年第2期。

2 古寺的和声：从中韩佛寺看中韩佛教文化

1. 建筑结构差异

通度寺整体展示格局的历史经历了以塔为中心，以塔、佛殿为中心，以佛殿为中心的变化。[1] 而法源寺是中国传统佛教寺院的代表，一直把佛殿放在园林的中心部分，它注重园林的整体展示，而不是塔楼或宝塔的排列顺序。[2]

从建筑规模和周边环境上讲，通度寺的规模大于法源寺，且设计更注重整体协调。例如，通度寺位于河边，表现出宁静的氛围；法源寺位于胡同深处，较为隐蔽。

2. 建筑结构相似性

尽管如前所述，通度寺和法源寺整体展示格局的历史是不同的，但通度寺和法源寺都有佛殿，并最终成为当时两寺庙的中心。

在细节上，通度寺和法源寺都具有文学特色。参观法源寺时，我们注意到许多以对联和匾额形式出现的文字，如图2-1所示。

图2-1 法源寺的对联和匾额

---

[1] Zheng, Ling-yu, Qin, Hua, Jiang, Rong-zuo, "Analysis of the Space Composition of Tongdosa Temple in South Korea", *Chinese Landscape Architecture*, 2012.

[2] 赵鸣、张洁：《试论传统思想对我国寺庙园林布局的影响》，《中国园林》2004年第20期。

同时，我们通过搜集通度寺的影像资料，寻找其牌匾上的文化符号（图2-2）。

图2-2 通度寺牌匾

我们访谈的一位清华大学艺术学院研究生告诉我们，文字在中国传统园林中起着重要的作用。在过去，"业主"不会为建筑设计蓝图，而是会写一篇文章来表达他对花园的期望。建筑空间中的这些文字由业主选择，通常能反映业主建园的目的。

（二）中韩两国人民对佛教的认识

1. 相似性

中韩两国的佛教发展过程有相似之处。首先，对两个国家来说，佛教都是外来宗教，很多人一开始不愿意接受。因此，必须对佛教进行改造，使之更为人民所接受。其次，佛教的发展受到不同政治环境的影响，当统治阶级偏爱佛教时，佛教繁荣；当统治阶级不喜欢佛教时，佛教衰弱。最后，佛教随着儒学的发展而发展。

2. 差异性

在历史上，韩国佛教被视为一种民族宗教；而在中国，佛教更像是儒家思想的补充工具。

四 结论

我们通过调查发现，中韩两国的佛教文化与寺庙建筑有很多共同和迥异的特点；两国人民对佛教文化和寺庙的作用的看法不同。由于地域限制，本调查未能包括对于通度寺的现场调查，有待后续调查来补充。

3 同源异途：全球化背景下的中医和韩医现代化之路

于 憬 孙保罗[*]

中医和韩医在历史上颇具渊源，但是两者现代化发展进程不同，影响着各自在国际舞台上的地位。不了解这两种传统医学的人，肯定很好奇哪一种的现代化发展更快，全球化推广程度更高？我们将从不同方面探讨中医和韩医的发展现状，尝试简要回答这个问题。

中医历史悠久，历经几千年的发展，基本理论内容丰富，包括阴阳学说、五行学说、藏象学说、气血津液、经络学说、病因学说等。这些中医学说在历史发展上被用于指导各种传统中医学校、各种临床科室和各种诊断方法的教学实践。由此可见，中医的基本理论是中医研究的必修课。

魏晋时期，《黄帝内经》《诸病源候论》等中医经典被引入韩国。古代韩国的优秀医生将传统中医与当地文化、哲学、医学、药学相结合，逐渐发展成为具有民族特色的韩国传统医学——东医学（韩医）。在"天、人、自然、命运"的整体观和"四维四

---

[*] 于憬，清华大学生命学院2017级临床医学专业（八年制）学生；孙保罗（Sun Paolo，意大利），清华大学新闻与传播学院2018级本科生，现就读于哥伦比亚大学。

象"结构的指导下，韩医在临床实践中形成了独特的形象分化与治疗医学理论体系，比如四象学说医学理论。

进入现代社会后，传统医学直面来自西方现代医学的冲击与挑战，甚至一度被社会公众废除。由于不同的国家政府发展政策与支持计划，中医与韩医当下的发展既有相似又有不同。

中医和韩医都受到了政府的政策措施保护。两者都已纳入本国国家医疗系统，并得到财政政策的支持；政府都设立了专门学校来培训专业传统医生。然而，虽然两者都得到政府的支持，但被引向了不同的方向。

在中国，中医目前的发展目标是"中西医结合"。国家政府制定的政策等鼓励医生和研究人员对传统医学或传统方法进行更多的现代科学研究，来解析中医药为什么有效，以及具体有效的成分。中医可以用现代技术做检查，西医也可以采用中医专利药物治疗病人。

中国政府已经制定发布了针对保护发展中医的特定法律和政策。这些法律法规系统化了中医药的发展，但同时也存在着一些问题：在中国，法规允许传统中药的研发，无须和西药一样公开配方或者通过许多临床试验；而在美国，中药必须通过与西药相同的标准才能获得批准。这些不同导致了其他国家对中医的不信任，使中医更难获得全球的认可。

自1996年以来，中国政府一直试图将中药引入美国食品药品管理局（FDA）和欧洲药品管理局（EMA），从而在全球药品市场占据一席之地。截至目前，美国药典公司已采用多种中药材，包括丹参、灵芝、三七、五味子、红参、薏苡仁等。超过66种中药材被记录在欧洲药典中。还有2种中药已进入第三期临床试验，更多进入第一、二期临床试验。

相比之下，韩国政府的态度并不那么开放，不愿意将传统医学与现代医学相结合。韩国政府把韩国传统医学和西医分开，不允许它们融合。这意味着韩医医生不被允许采取现代措施和西医方法治疗疾病。到目前为止，还没有报道说韩国传统医学进入FDA或其他西方医疗体系的临床试验。

中华人民共和国自1949年成立以来，就建立了专业的中医的现代化学院，由中国政府直接领导，目的是实现中国文化遗产的保存与发展。然而，韩医专业学校直到2008年才成立，在那之前只有使用私人教学体系的私塾。现在根据市场逻辑实行现代化教育体系的韩医学校都建立了六年制课程。这种时间和结构的差异导致了两国传统医学的系统化过程的不同。这会影响最终的治疗效果和在传统医学系统中相互沟通的可能性，即使在全球医学系统中也是如此。

从政府政策、教育制度、对待西医（现代医学）的态度、美国（美国食品药品管理局）和欧洲（欧洲药品管理局）等西药国家药品监管机构的注册成功程度、社会文化和政治影响等方面进行了探讨后，我们可以知道，由于中国政府的战略，中医不仅基于市场逻辑发展，还作为中国非物质文化遗产在西方国家推广，所以中医药更倾向于获得全球化发展。

4 争夺还是共享：中韩端午节比较

汪星宇[*]

2004年，韩国以江陵端午祭"申遗"引发的广泛讨论，成为不少人心中关于端午的集体记忆。这场"端午起源"之争以传统节日为表征，展示出中韩之间的深层文化关联。这种关联从古至今，依托于地缘政治与文化交流，在历史上的不同时期展现出不同的形态。本文以中韩端午节的历史发展为线索，发掘端午节习俗与符号语意的演变，寻找其中中韩文化的密切联系。

一 古代的中韩端午节

对于中国端午节的起源，说法向来不同。其中相对可信的是端午最初为古人处理公共卫生的节令，其证据主要源于节日设置的时间。端午的时间在上古时（至少在西汉时）并不限于五月初五，而是干支历法中五月内第一个午日[①]。五月为夏至之月，古代有"五月即恶月"的说法。如《吕氏春秋》中载："是月也，日长至，阴阳争，死生分；君子斋戒，处必掩身，欲静无躁，止声色。

---

[*] 汪星宇，清华大学艺术史论系2016级本科生，纽约大学媒体文化与传播硕士，现央视纪录编导。

[①] 黄石：《端午礼俗史》，台北："国立"北京大学中国民俗学会1963年版。

无或进，薄滋味，无致和，退嗜欲，定心气，百官静事无刑，以定晏阴之所成。"又如《后汉书·礼仪志》中云："仲夏之月，万物方盛，日夏至，阴气萌作，恐物不茂……故以五月五日朱索五色印为门户饰，以难止恶气。"古人认为，此月里恶兽毒虫、邪疾瘟病渐生，故设端午为节令以求祛病禳灾，其采兰沐浴①、戴五色丝②、取蒲艾雄黄③、竞渡送灾④等礼俗大约也与此相关。

此外，关于端午起源最为今人所熟知的说法是屈原的传说，即屈原五月五日投身汨罗江以殉道，后人以龙舟竞渡、食粽子、系五色丝凭吊。这种说法较早出现在东晋刘义庆的《世说新语》中："周时，楚屈原以忠被逸，见疏于怀王，遂投汨罗以死。后人吊之，因以五色丝系角条，于节日投江祭之。"但如此的解释大约已有些民间演绎的成分，并未有更早的文献作为支撑。除屈原外，其他历史人物包括伍子胥⑤、曹娥⑥、勾践⑦等在内也曾被作为端午纪念的人物。在类似英雄传说式的起源论中，龙舟竞渡、食粽子、系五色丝等习俗要素统一作纪念的用途被综合为一体⑧，象征着爱国忠义等道德符号融入端午的意义系统中，某种程度上也拓展了端午的文化内涵。

---

① 《大戴礼记》："五月五日蓄兰为沐浴。"
② （东汉）应邵《风俗通·佚文》："午日，以五彩丝系臂，避鬼及兵，令人不病瘟，一名长命缕，一名辟兵缯。"
③ （南朝梁）宗懔《荆楚岁时记》："四民并踏百草，又有斗百草之戏。采艾以为人，悬门户上以禳毒气……端午，以菖蒲生山涧中一寸九节者，或镂或屑，泛酒以辟瘟气。"
④ （明）谢肇淛《五杂俎》："（端午）竞渡楚蜀为甚。吾闽亦喜为之，云以驱疫；有司禁之不能也。"
⑤ （南朝梁）宗懔《荆楚岁时记》："邯郸淳《曹娥碑》云：'五月五日，时迎伍君，逆涛而上，为水所淹。'斯又东吴之俗，事在子胥，不关屈平。"
⑥ （晋）虞预《会稽典录》："孝女曹娥者，上虞人。父盱，能抚节按歌，婆娑乐神，汉安二年五月五日，于县江迎伍神，溯涛而上，为水所淹，不得其尸。娥年十四……，遂自投于江而死。"
⑦ 《记纂渊海》引《岁时记》："越地传云竞渡起于越王勾践。"
⑧ 刘晓峰：《端午节与东亚地域文化整合——以端午节获批世界非物质文化遗产为中心》，《华中师范大学学报》（人文社会科学版）2011年第50期。

而对于韩国而言，由于上古时代的文献相对缺乏，较难得出韩国端午节具体的起源。在韩国学者的研究中，"（韩国端午节中）'端午'二字，释其义为'初午'，属五月第一个'马日'。农历五月又相当于所谓的阳数。人们重视它与奇数日的相遇，因此就将五月五日定为一大节庆……早在新罗时代就已将五月五日定为端午节"①。

若要具体对比古代中韩端午节的异同，大约可以从节日习俗入手。韩国于18—19世纪出现了《东国岁时记》《洌阳岁时记》《京都杂志》②等岁时记，对这一时期韩国端午节的习俗有过细致的描写："韩国五月端午十分隆重。朝廷要颁艾虎于阁臣；工曹制造扇子，端午节进献，由朝廷颁给宫人和大臣，一些地方大员这天也要'进上节扇，例送于朝绅暨亲知间'；宫内与朝官家门上要贴朱砂写的'天中赤符'……内医院造醍醐汤进供，又造玉枢丹进上，国王赐给近侍佩之禳灾；男女儿童取菖蒲汤洗面，皆穿红绿新衣，以菖蒲根作簪，便插头髻以辟瘟，号'端午妆'；此外间巷男女盛行秋千之戏，京城内外青壮年喜欢角力摔跤的游戏；端午节俗称戌衣日，人们用艾叶与粳米做成的车轮形饼，作为端午的时食。"③ 将这些习俗按照一定的符号模式④进行细分，并对比相同时期中国端午节的习俗，可得到如表4-1的结果。

表4-1　　　　　　　　中韩端午习俗对比

	仪式系统	卫生系统	饮食系统	服饰系统	巫术系统	传说系统
中国	竞渡、斗草、赠端午扇	菖蒲、艾草、雄黄	粽子	五毒服、五色绳	符咒画像	屈原、伍子胥、曹娥、勾践

---

① ［韩］崔在洛：《江陵的无形文物》，江陵市文化观光福祉局2004年版。
② 洪锡谟、金迈淳、柳得恭：《东国岁时记·洌阳岁时记·京都杂志合编本》，朝鲜光文会1911年版。
③ 萧放：《18—19世纪中韩"岁时记"及岁时民俗比较》，《江西社会科学》2007年第1期。
④ 宋颖：《端午节研究：传统、国家与文化表述》，博士学位论文，中央民族大学，2007年。

续表

	仪式系统	卫生系统	饮食系统	服饰系统	巫术系统	传说系统
韩国	投饭水濑	菖蒲、益母草	艾子糕（车轮饼）	端午妆	天中赤符、端午符	屈原

由表4-1可见，当时中韩端午节习俗大抵相似，又略有差异。如韩国端午节没有划龙舟竞渡的仪式，大约是由于韩国不若中国南方丰水、船运便宜，便替之以摔跤角力等陆上活动，这也与中国北方地区的情形相似。竞渡与摔跤同属户外竞技活动，贴合着五月时节阴阳二气交锋的状态，可见得出发点是相似的。又如中国端午食粽子，韩国则食艾子糕，这种糕点由艾叶与粳米打制而成，呈车轮形[1]，也有文献记录这种糕点大约也源于中国[2]。而中国的粽子在韩国端午中也以其他形式出现，如《洌阳岁时记》中云："国人称端午日为'水濑日'。谓投饭水濑，享屈三闾也。地之相去万有余里，世之相后千有余年，谣俗不改，精爽如在，何令人感慕至此也。"其所投食物大约与粽子相似，并同样保有祭祀屈原的语意。除却这些细部的差异，在卫生系统、服饰系统、巫术系统等方面，两者表现出高度相似的属性，联系古代中韩相近的历法与节日体系[3]，可见古代中韩端午节具有一脉相承的文化渊源。

古代中韩端午节高度的一致性也体现着在东亚文化圈兴盛的背景下，中韩两国文化密切的交流。如新罗在统一后，广泛吸收唐朝文化，至公元837年，朝鲜半岛在唐留学生达到216人[4]。因为当时的东亚文化圈主要由汉文化主导，韩国对中国文化持有积

---

[1] 洪锡谟《东国岁时记》："端午俗名'戌衣日'。戌衣者，东语'车'也。是日，采艾叶烂捣，入粳米粉，发绿色，打而作糕，象车轮形，食之，故谓之'戌衣日'。"

[2] 洪锡谟《东国岁时记》："武珪《燕北杂志》：'辽俗，五月五日渤海厨子进艾糕'，东俗似沿于是。"

[3] 陈连山：《从端午节争端看中韩两国的文化冲突》，《民间文化论坛》2011年第3期。

[4] 张延玲：《世界通史》，南方出版社2000年版，第387页。

极学习的态度，全面接收了汉字作为本民族语言，并用汉字进行历史与文学的创作①，直到15世纪中叶创制谚文，与汉字并用。在这样的背景下，也不难理解端午节作为传统的重要节令在中韩之间有如此深刻的关联。

二 从端午节到诗人节：中国端午节语意的嬗变

随着时代发展，端午节的形式也出现变化，这种变化又因为中韩两国现代化进程不同而展现出不同的状态。

上文提及端午起源于祛病禳灾的公共卫生需求，这种需求在农业社会根据传统历法是成立的，但当社会逐渐发展，传统的历法被新历取代，关于妖魅的迷信被先进的科学技术打破时，端午节核心的要素似乎在无形中被架空。而对于中国而言，整个现代化进程带有救亡与启蒙的特质，端午节在这样的文化氛围中被赋予新的话语阐释，其中突出的表现便是"诗人节"的出现。

诗人节在1941年前后由中华全国文艺界抗敌协会发起，作为端午节的变体，其将端午节的起源单纯归结于对屈原的纪念，并极力强调端午节与屈原相关的爱国主义元素②。如此关于端午节的解释在20世纪30年代民俗学界关于端午节起源与习俗的讨论背景下显得简单且粗暴。回顾民国时期关于端午节的研究，现代民俗学意义上的研究作品大约可以追溯至江绍原的《端午竞渡本意考》③。其文章提出，"龙舟竞渡的真原始，必须离开屈原、伍子胥、勾践等等去求""竞渡本是一种用法术处理的公共卫生事业""竞渡起源于送灾"等观点，与其时流行的屈原说迥然不同。

---

① 罗卫东：《汉字在韩国、日本的传播历史及教育概况》，《中央民族大学学报》（人文社会科学版）2001年第3期。
② 中华全国文艺界抗敌协会：《诗人节缘起》，《新华日报》1941年5月30日第2版。
③ 江绍原：《端午竞渡本意考》，《晨报副刊》1926年2月10日。

第一部分 传统文化艺术

到了 30 年代，许多学者上承江绍原的观点进行了深入探讨，其中包括黄石《角黍考略》①，杨霁云《端午风俗之起源及其嬗变》②，欧阳云飞《端午"恶日"考》③ 等。从研究结论来看，端午节起源与历法的关联被强调，送灾、卫生等相关元素成为主要的阐释入口，端午节起源与屈原的关联一直未得到民俗学界的承认。即使如此，屈原说在此时显然与抗战时期反帝爱国语境更为契合，例如连认为端午节起源于吴越地区龙图腾崇拜的闻一多也指出，"如果我们还要让这节日存在，就得给他装进一个我们时代所需要的意义"。④

于是，在政府与相关文化人士的刻意引导下，端午与屈原元素更为紧密地结合在了一起，下文即是一则当时典型的关于端午的报纸文章：

> 今年的端午又到了。在节前讨账还账送礼收礼，忙个不亦乐乎。到今天大家畅饮快饮的过节，檐悬艾虎，门挂蒲剑，据迷信能避一年邪祟。五彩纸葫芦，家家悬挂门前，说是能以吓走瘟神爷。一般小兄弟妹们，拈出五色丝条，系在手腕脚膊，说是可以避五毒。至于饮食问题，雄黄酒出自蛇故事，神话荒唐，不可以信。唯有角黍为吊屈原而制，落得入了食谱，供咱们后人大嚼。在南省龙舟竞渡，锣鼓喧嚣，另有一番热闹，追源亦无非为吊屈原大夫而设。据《荆楚岁时记》所记，可以证明。我想这不是迷信，因为屈子离骚，兰茞独运，人格清白，是我们应该崇拜的。⑤

---

① 黄石：《角黍考略》，《东方杂志》1933 年第 12 期。
② 杨霁云：《端午风俗之起源及其嬗变》，《学生文艺丛刊》1934 年第 3 期。
③ 欧阳云飞：《端午"恶日"考》，《逸经》1937 年，第 25—26 页。
④ 闻一多：《端午节的历史教育》，《生活导报》1943 年 7 月 3 日第 32 版。
⑤ 呆呆：《关外端午之习俗》，《大亚画报》1929 年第 161 期。

这些宣传到底对中国民众关于端午节的认知产生了怎样的影响，有观点认为，大众无法理解并接受这样爱国主义化的端午节，如此的结果便是传统端午节的消亡①。实际情况也许更为乐观，端午节中防病祛邪等元素在民间仍旧盛行，甚而在诗人节后仍存在将端午节作为医生节的提议②，从某种程度上说，学界或政府关于端午节内涵的定性并未对民间端午节习俗产生决定性影响，节日的相对稳定性在节庆仪式方面表现得尤为突出。

但不得不承认，当我们今天再提及端午节时，所联想到的第一印象便是屈原、龙舟、粽子等被简化的符号。虽然那些关于祛病禳灾的习俗仍被或多或少地延续，但其背后源初的语意却大抵模糊。似乎在政府与文化学者的引导下，节日的文化意义被重构；但即使排除掉这些刻意的干预，在高度娱乐化与商业化的当代，端午似乎不可避免地也会在传统意义系统之外附加上新的具有时代性的可能。

三 江陵端午祭：争议背后的文化心态

2004年5月初，韩国将申报端午节（即江陵端午祭）为本国非物质文化遗产的报道引发了全社会广泛的关注与讨论③。起初，中国民众普遍认为，端午节应该是中国的传统节日，不应由韩国申遗。后来韩方与部分中国学者又澄清江陵端午祭与传统端午节存有较大差异，不应统一看待。

相关资料显示，江陵端午祭早在1603年便形成了大规模的庆典习俗，发展至当代，形式愈加完备。其核心是一场集体性祭祀

---

① 陈连山：《重新审视五四与中国现代民俗学的命运——以20世纪对于传统节日的批判为例》，《民俗研究》2012年第1期。
② 老太婆：《端午丛话》，《时与潮副刊》1947年第6期。
③ 施爱东：《从"保卫端午"到"保卫春节"：追踪与戏说》，《民族艺术》2006年第2期。

的活动，完整的祭祀流程（从"酿酒神"开始）持续一月有余（农历四月初五至五月初七）。祭祀对象为地区性的神话人物，主要包括大关岭山神金庾信、大关岭国师城隍神、大关岭国师女城隍等。祭祀包括儒教式祭仪与巫俗祭礼两个系统，前者由献官按一定程序执行，相对官方和封闭；后者则由巫师和民众共同执行，比较自由和开放[1]。这些祭仪形式繁杂，规模庞大，并衍生出其他民俗活动与乱场集市，其中主要包括官奴假面舞剧、风物游艺、民谣演唱等。除此之外，江陵端午祭还继承了部分传统端午节的习俗仪式，例如角力、荡秋千、画符、用艾蒿水洗头沐浴等[2]。

至于江陵端午祭与传统端午节到底是怎样的关系，学界对此尚无定论。有观点认为，其虽然受到中国端午节影响，但仍需与之分别看待[3]；有学者将江陵端午祭视为上古中国端午祭的变异，与某些地方性、民族性的端午节等同[4]；另有观点将韩国江陵端午祭与中国城隍巡游进行比较[5]。宋颖博士在分析这一事件时曾提及，"所有的文化都不可避免地受到其他文化的影响并反过来影响其他文化。可以说，文化是本土和外来映像的微妙混合，是打碎、糅合、并重新再塑造的结果"[6]。在这个维度上，那些试图通过比较传统端午节与江陵端午祭的不同为韩国申遗进行辩护，或者通过寻找相同进行批判的声音均显得意义寥寥。反而是这一事件里中国大众反映出的对端午归属问题的焦虑与韩方极力撇清中国端午节与江陵端午祭关联的态度显得别有意味。

中国大众的焦虑来源显然有媒体偏向性报道的原因，例如早

---

[1] 贺学君：《韩国江陵端午祭考察》，《民族遗产》2008年第00期。
[2] ［韩］崔在洛：《江陵的无形文物》，江陵市文化观光福祉局2004年版。
[3] 叶春生：《端午节庆的国际语境》，《民间文化论坛》2005年第3期。
[4] 黄杰：《从岁时民俗特征比较中韩端午节端午祭》，《浙江大学学报》（人文社会科学版）2007年第4期。
[5] 陈连山：《从端午节争端看中韩两国的文化冲突》，《民间文化论坛》2011年第3期。
[6] 宋颖：《端午节研究：传统、国家与文化表述》，博士学位论文，中央民族大学，2007年。

期媒体并未具体说明江陵端午祭与传统端午节的差异，但深层的心态显然更为复杂，很大程度上是来源于中国作为民族国家在全球化时代下向世界展示自身文化价值的需求。文化本身是流动的、共享的，但"非物质文化遗产"的甄选似乎成了某种看似中立的权威的尺度，将那些模糊的文化形式冠以所有物的框架，并与特定的主体进行绑定。于是，当大众接收到韩国要将端午申遗的信息时，感受到的是端午作为本民族专属的文化财产将要被剥夺；加之近代中国救亡图存的斗争使大众对于主权性的危机尤其敏感，21世纪初的中国又正处于急于在国际上树立民族自信的尴尬阶段，这一事件自然会激发起不安的情绪。

而韩国方面在关于江陵端午祭的叙事中也试图强调其纯粹韩国式的独立性，端午归属所隐射的文化主权问题在韩国方面同样敏感，某种程度上甚至甚于中国。韩国本身国土面积狭小，国力有限，在古代东亚长期处于朝贡体系中的附庸地位，于20世纪初又被日本殖民统治，"二战"后民族长期南北分裂，又受美国控制，其对民族认同与民族自信的追求相当强烈。例如自"二战"以来，"去中国化"成为韩国有意识的政治行为，其以"谚文"取代"汉文"，在公开出版物上抹去汉字记录，将汉城更名为首尔等①，这些行为与江陵端午祭韩国化的努力形成了某种呼应。

端午节是中立的、共享的、流动的文化形式，是东亚文化圈内历史积淀的文化资源，没有必要将其强加于中心与边缘的二元对立中，而应珍惜这份地域性的亲缘，为文化的交流与发展创造更自由更包容的环境。

---

① 胡森森：《"去中国化"：一种现代性话语的建构与衍变》，《贵州社会科学》2008年第10期。

第二部分

流行文化与青年文化

5 古音与今韵：中韩流行音乐中的文化杂交现象

祝 健 杨晨晞 李静怡[*]

一 引言：中韩传统音乐与流行音乐

流行音乐是一种融合了原声和电声乐器的泛化音乐流派概念，是一种表现个人思考和情绪的音乐形式。21世纪初，中国台湾地区流行音乐圈通过在编曲中创新性地将中国传统乐器（如古筝、二胡、竹笛等）的音色和演奏法与流行音乐编曲技法相结合的方式，创作出大量的中国风作品。近些年，随着古风圈社群的形成，社群内部出现了配合小说、游戏、漫画等题材的音乐。从最早的以词生曲，到后来有越来越多拥有较专业的词作、曲作、编曲、录混后期、歌姬（二次元文化圈对歌手的称呼）的社团形成的完整的音乐制作发行模式，其从源自古风圈的爱好发展成用音乐传播中国传统文化的新方式。

---

[*] 祝健，清华大学材料学院2015级本科生，音乐工程与技术辅修。现于人工智能音乐公司DeepMusic任CEO助理；杨晨晞，清华大学新闻与传播学院2016级本科生，现为清华大学新闻与传播学院在读博士生；李静怡，清华大学社会科学学院2018级本科生，现就读于剑桥大学土地经济学系。

无独有偶，在韩国，2019年BTS新专辑"BTS WORLD OST"中单曲"A Brand New Day"开头由韩国传统乐器大笒的演奏引领全曲，既带有浓厚的韩国氛围又展现出最具潮流的声音。

我们希望从创作背景、歌词、编曲技法等方面讨论两国流行音乐中传统文化与流行文化的杂交现象和发展历程，得出传统文化新用的一些结论以及在不同国家和时期的不同发展特点，而后进一步讨论传统文化在流行音乐中的发展和市场空间。

我们想回答的问题有：

- 中国风音乐与古风音乐形成的差别：文化杂交路线的不同点。
- 韩国传统文化在流行音乐中的体现和接受度如何？
- 从流行音乐的角度，两国在传统文化传播普及有何异同，有何相互借鉴的地方；讨论可否并怎样以此为契机向海外输出音乐作品与文化。

这里的流行音乐是指广义流行音乐，不限于现在 K-pop 与 C-pop 的定义，也包括非输出型音乐，即在两国国内流行但在海外不流行的音乐。在年代选择上，主要考察2000年至今的作品。另外，为了让探究更加聚焦，我们暂不考虑以下要素：旋律、演唱者（唱作人除外）、经纪公司/唱片公司/发行公司等相关机构和企业。

我们采取的研究方法如下：

- 选取中国风、古风、贴近"韩国风"的作品各10—20首作为样本，分析其创作背景、歌词、编曲技法与结构（music form），寻找歌词中的关键词、用词方式（年代）、旋律特点、传统乐器音色及演奏法的运用思路，以期得出其与传统文化杂交现象的表现和形成路线。一方面进行基本的数据收集统计，一方面对研究样本进行内容分析。

·通过查阅乐器相关文献，了解流行音乐中涉及的两国传统音乐及乐器的发展历史。

·阅读领域内两国相关文献，了解其背后的文化与市场驱动力。

·调研2000年至今华语及韩语音乐排行榜，观察其流行现象与市场表现。

二 关键概念：音乐与文化

（一）浅谈文化杂交

"杂交"一词曾在社会科学、文学、艺术和文化研究等不同的研究领域中使用过，指以不同方式存在的不同习俗或结构结合在一起，形成新的结构、对象和实践的过程。在此文化杂交的过程中，上述文化元素混合在一起，进而形成新的文化形象。

认识一段音乐需要同时理解声音（音色、乐器、旋律、和声、节奏）的组合、同步和分层的组合，以及唱出或有节奏地背诵歌词（歌词或歌词中的语言和诗歌形式）。每一种音乐类型都有独特的声音。换句话说，音乐是一种特定文化的表达。近年来，越来越多的作曲家或艺术家将多种代表不同文化声音的音乐类型混合并重新包装呈现出来，这在当代文化中被称为融合音乐（Fusion）。

殖民主义在经济、社会和政治上影响个人，同时，艺术、文学和音乐方面也发生变化。当元素被强迫或主动结合在一起时，它们可以互相排斥、融合或混合。在后殖民时代的历史统治下，音乐杂交的案例比比皆是。被殖民者和殖民者一直相互影响，散居在外的移民在乐器、结构和声音的融合过程中发挥着重要作用。音乐杂交的结果说明，一个新世界的声音是不可能根据国家、语言和政治边界来分类的。

Nettl 在一篇题为"Cultural Grey-Out"的文章中指出，当被殖民的非西方社会被迫面对文化杂交时，人们的经历便反映在音乐中。被殖民的社会只能被动地采取三种行动方式：第一种是"保持传统文化不变"和"不改变下的生存"；第二种是完全西方化，融入西方文化体系；第三种与前两者相比，较为温和，是出于"现代化"的目的，Nettl 将其描述为"采用"和"适应"西方技术和其他需要的西方文化产品。然而，被殖民的社会必须下定决心，确保文化价值观的核心不会发生重大变化，也不会与西方的价值观完全相一致。[1]

（二）音乐与歌词：中国、古风音乐概念简介

关于中国风和古风音乐的研究有很多。首先我们需要简要厘清这两个音乐类型的概念。

对于中国风音乐到底是什么，目前还无定论。中国风一词最早出现在法国的 *Happer's Magazine* 上刊登的艺术评论风格中。而中国风真正为人们所熟知，是自 2000 年中国台湾歌手周杰伦歌曲《娘子》的诞生，之后周杰伦、王力宏、陶喆、林俊杰等歌手都制作了大量中国风歌曲。周杰伦的御用作词人方文山曾说，"中国风的精髓在于文字，歌词就是画面的营造"。音乐制作人黄晓亮给出的定义比较受到认同，他说中国风是"三古三新"的结合，指的是古辞赋、古文化、古旋律；新文化、新编曲、新概念。

而古风音乐则是一个更新的概念，它也没有严格界定，古风音乐圈内的制作人也不会专注于定义。它将中国传统音乐元素和当代音乐表现手法相结合，其歌词文本大量化用中华历史典故和传统诗词歌赋，呈现出古典雅致、清新脱俗的艺术风格。

---

[1] Bruno Nettl, *The Study of Ethnomusicology: Twenty-nine Issues and Concepts*, Urbana: University of Illinois Press, 1983.

对于这两类音乐的研究，大多数从以下几个方面进行。
首先是从曲式方面：

· 旋律形态。旋律是音乐的首要元素，如古风的旋律多婉转，优美而多变，可以归类为四种形态：水平型、上升型、下降型和混合型。

· 调式（mode）。调式是若干高低不同的乐音，围绕某一有稳定感的中心音，按一定的音程关系组织在一起，成为一个有机的体系。比如古风音乐主要采用中国传统的五声音阶，使之更具有文化亲切感。

· 节奏。节奏上不同歌曲间差别较大，但是古风也善用节奏，引导情感。

· 速度。速度是指乐曲进行的快慢程度。任何音乐的律动都在特定的速度框架下进行。如古风歌曲多在中慢速的情况下进行。

· 乐器。将在后面专门讨论。

然后是歌词方面：

· 文化符号解读：赵毅衡将符号的"物源"分为三种：自然事物、人工制造的器物和纯符号。因此将歌词编码，可以分为自然事物（动物、植物、地名、天象等），人工器物（器物、食物等）和纯符号（节庆、文学艺术等）。再进行相关分析。

· 文化意义解读：包括对于中国传统文化的传承和发展、对于历史人物和事件的认识、对于爱国情怀，民族自尊心和自豪感的建立、对于宁静慢生活的追求，对于文化输出的作用等。

然而，关于韩国传统音乐方面的研究较少，因此很有必要选取部分代表作品和数据，进行进一步的分析和探索。

（三）古风的形成：文化、音乐与社群

如今，"中国风"（源于中国台湾的流行音乐风格）和"古风"（源于中国大陆的与中国传统文化有关的音乐风格）被统称为"国风"（类似于韩国对"韩流"的定义）。正如引言部分所提到的，中国传统文化中的中国风音乐元素实际上是由音乐家添加的。

在这一部分，我们将介绍古风音乐的形成。

受到与日本 ACG 文化和社群一起出现的日本同人文化的深刻影响，古风音乐在没有考虑版权问题的情况下，直接将来自中国 ACG 文化的歌词与来自日本的音乐结合起来。随着古风社群（音乐、小说、服饰文化等）的发展，一些专业作曲家和其他类型的音乐家也加入了古风社群。随着越来越多的专业音乐人进入古风社群，古风音乐终于有了从歌词作者、作曲家、歌手到编曲、录音、混音再到录音棚或大公司的完整的制作链条。

虽然古风音乐最初来源于网络社区，但与其他类型的音乐一样，古风音乐也逐渐成为一个集线上线下宣传、发行、演出为一体的完整的音乐产业。在线模式以 TME、网易、5sing（歌曲翻唱平台）等流媒体音乐和 Bilibili 等视频平台为基础，线下模式以 ACG 漫展、大型音乐会或音乐节为基础。古风乐迷正逐渐成为其他流行文化的乐迷，古风音乐同时催生了粉丝经济。

（四）中韩两国传统乐器简介

1. 中国传统乐器

中国有着门类丰富的传统乐器，分为拉弦、弹拨、吹管、打击四大基本声部，每一声部内的乐器演奏方法也各异。如今，有相当多的传统乐器被运用到中国流行音乐中，本文以现在最为常见的几种乐器为例，进行简单的介绍。

5 古音与今韵：中韩流行音乐中的文化杂交现象

·古筝：经典的弹拨乐器，在中国已有两千多年的历史。传统技法为"左手司按，右手司弹"。双手各司其职，左手进行泛音、滑音、点声等各种技巧，右手负责弹奏。其中，最具代表性的技巧为轮指，类似钢琴高频率的震音效果。现在也有双手齐弹的创新技巧。

·竹笛：中国音乐中重要的吹管乐器，音色明亮清丽，变化丰富。分为南派（注重轻吐音，音色更为婉转）、北派（注重双吐等技巧，音色更为高亢）、地方派（地域差异）。

·板胡：中国经典打击乐器，一人兼敲鼓与板得名。有不同的敲击姿势、持键方法、打击方法，以灵活的手腕为动力，不过多利用小臂的力量，以保持弹性和控制力。

·琵琶：弹拨乐器，中国"乐器之王"，有丰富的表现力和优美的音色变化。与古筝类似，左手掌握揉弦等音色技巧，右手弹奏，也以轮指、夹弹等关键性技巧闻名。

·唢呐：中国经典吹管乐器。唢呐是我国众多民族乐器中较有代表性的一种，其本身属于吹管类乐器。音色比较明快，并且能够与多种不同的乐器进行配合。有南派唢呐、北派唢呐之分。南派唢呐的表演效果较为抒情细腻，而北派唢呐的表演效果较为嘹亮豪放。最主要的一个技巧就是口内技巧，主要应用的呼吸渠道是口腔。唢呐有哨片，演奏者在演奏之前将哨片含在嘴里，哨片的位置是否合理，是决定唢呐音色、音准以及音质的关键性指标之一。

·二胡：中国经典拉弦乐器，演奏风格多样，其中以悲情凄婉的乐曲最为著名。演奏技法与小提琴类似，但是只有内外两根线，琴弓夹与两弦之间内外切换。也与小提琴类似，左手掌握音准、滑音、揉弦等技巧，右手拉弓，并伴有颤弓等手法。

· 55 ·

2. 韩国传统乐器

国乐是指具有韩民族的固有性和传统性的音乐,是用包括玄鹤琴、伽倻琴、笛、长鼓等乐器演奏的韩国古典音乐。

这种音乐始于古代祭祀天神时演奏的仪式音乐。伴随着文化的进入和融合,韩国国乐中出现了大量的乐器。尽管演奏的频繁程度不同,时至今日至少仍有45种韩国传统乐器还在演奏中被使用。下面举一些例子:

- 伽倻琴:也称为女性乐器,并作为独奏乐器深受欢迎而闻名韩国。
- 长鼓:主要用于农乐与巫术音乐。
- 玄鹤琴:同欧洲齐特琴相似。
- 大笒:大笒是韩国最大最有代表性的横笛。共有13个孔。

三 发现

(一)数据分析

我们选取了12首韩国歌曲和15首中国歌曲。信息如表5-1、表5-2。

表5-1　　　　　　　　韩国歌曲样本基本信息

分类	流派	本国曲名	英文曲名	歌手	编曲
韩国风	EDM	날라리	LALALAY	Mimi (선미)	FRANTS
韩国风	EDM	/	A Brand New Day	BTS	/
韩国风	OST	상사몽	Dream of Love	Han Ji-hye (한지혜)	/

5 古音与今韵:中韩流行音乐中的文化杂交现象

续表

分类	流派	本国曲名	英文曲名	歌手	编曲
韩国风	Gugak（国乐）/ Pop	새	Bird	IOS（Infinite of Sound/아이에스）	/
韩国风	OST	담담히 적시고나		잠비나이	/
韩国风	Pop	보이지 않는 인사		Kang Sung-hoon（강성훈）	/
韩国风	Pop	같은 생각		Yageum Yageum（야금야금）	/
韩国风	Pop	나비		Park Kang-su（박강수）	/
韩国风	OST	미인도		Lee An（이안）	/
韩国风	Pop	인연	Fate	Lee Sun-hee（이선희）	Lee Byung-woo（이병우）
韩国风	OST	춤		Lisa（정희선）	
韩国风	OST	같은 하늘 다른 시간에		8eight（에이트）	

表 5-2　　　　　中国歌曲样本基本信息

分类	流派	本国曲名	歌手	编曲
中国风	Pop	青花瓷	Jay Chou	Baby Chung
中国风	Pop	红尘客栈	Jay Chou	Jason Huang
中国风	R&B	烟花易冷	Jay Chou	Jason Huang
中国风	Pop/Rap	本草纲目	Jay Chou	Michael Lin
中国风	Pop	将军令	Kenji Wu	Kenji Wu
中国风	R&B	江南	JJ Lin	
中国风	HipHop Rap	中国话	SHE	

续表

分类	流派	本国曲名	歌手	编曲
中国风	Rock	三国恋	Tank	
中国风	Pop	清明雨上	Vae	Vae
中国风	HipHop Rap	笔墨伺候	后弦	
古风	Pop	倾尽天下	河图	河图
古风	Pop	相见欢	小曲儿	
古风	Pop	秦淮八艳	玉璇玑	
古风	Pop	锦鲤抄	银临	
古风	Pop	礼仪之邦	HITA/安九/叶里	
古风	Pop	牵丝戏	银临/Aki 阿杰	
古风	Pop	采茶纪	双笙	徐梦圆
古风	Pop	琵琶行	奇然/沈谧仁	徒有琴
古风/国风	R&B	红昭愿	音阙诗听	朱鸽
古风/国风	EDM	芒种	音阙诗听/赵方婧	Morri3on
国风	OST	不染	毛不易	丁培峰
国风	OST	年轮	张碧晨	

我们对如上样本从以下几个方面进行了分析：

· 流派：EDM（电子舞曲），影视原声音乐（OST），国乐（韩国），Pop（流行），R&B（节奏布鲁斯），Rock（摇滚），嘻哈说唱，Rap（流行说唱）等

· 乐器：竹笛，二胡，古琴，古筝，琵琶，唢呐，葫芦丝，扬琴，太平箫（태평소），大筝（대금），伽倻琴（가야금），玄鹤琴（거문고），奚琴（해금）等

· 使用方式：旋律，副旋律，伴奏，采样

· 位置：前奏，主歌，副歌，间奏，桥段，尾奏

此外还将歌词的内容和歌曲主题进行了整理。

通过数据分析，更为明确的结果如图 5-1 至图 5-6 所示。

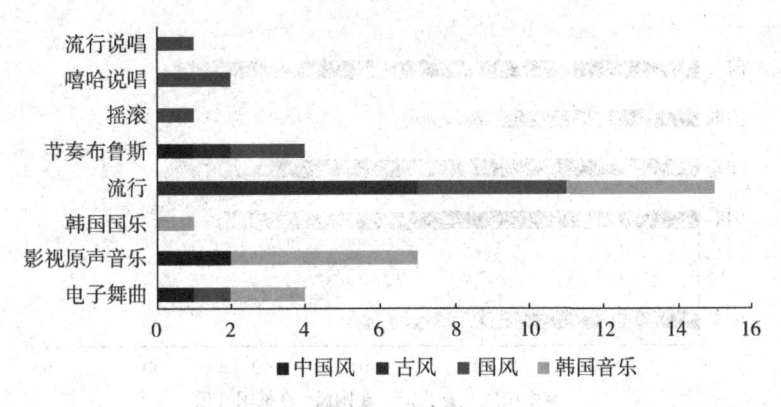

5 古音与今韵:中韩流行音乐中的文化杂交现象

图 5-1 流派

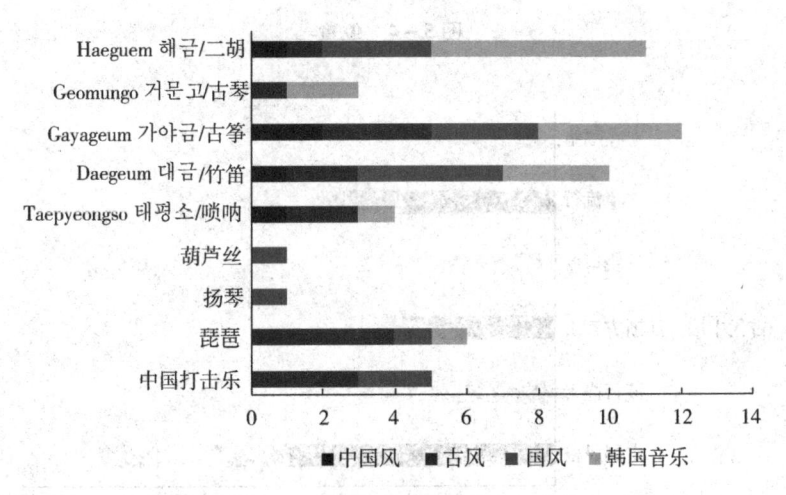

图 5-2 乐器

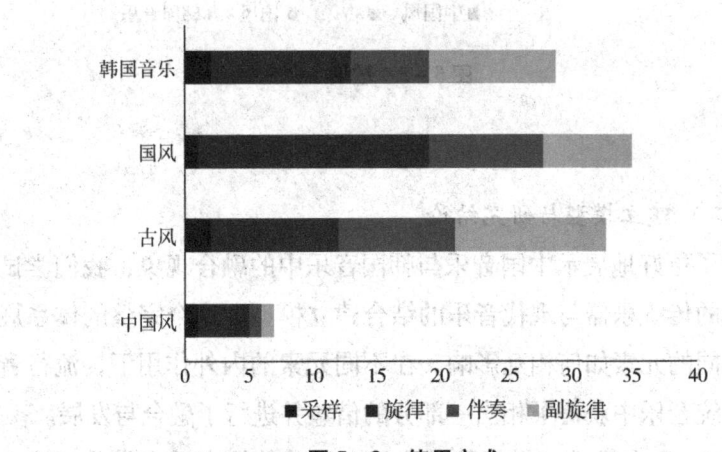

图 5-3 使用方式

第二部分 流行文化与青年文化

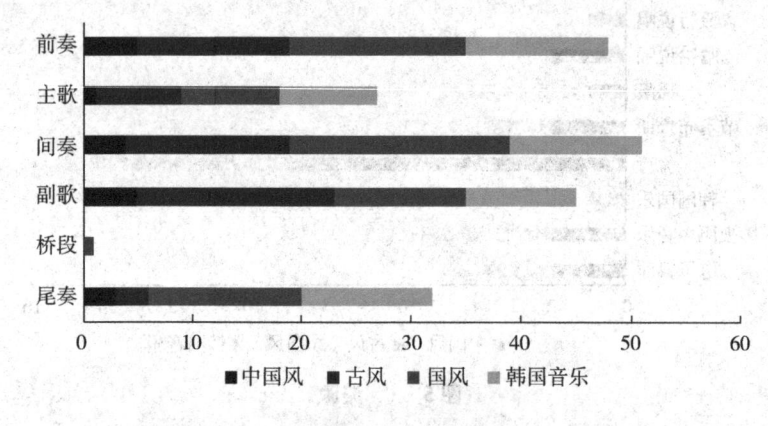

图 5-4 位置

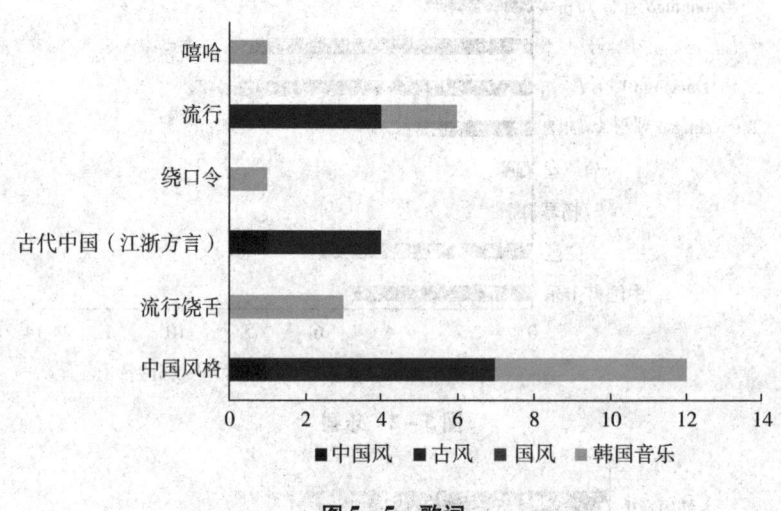

图 5-5 歌词

（二）建立模型与研究结论

为了更好地展示中国音乐与韩国音乐中的融合现象，我们尝试为其中的传统乐器与现代音乐的结合建立模型。这个完整的体系展示了不同的元素如何相互影响。在不同元素的内外作用下，流行音乐从传统音乐中获得了相当一部分的借鉴并进行了融合与发展。

图 5-7 中显示，尽管韩国流行音乐从传统音乐中借鉴了许多

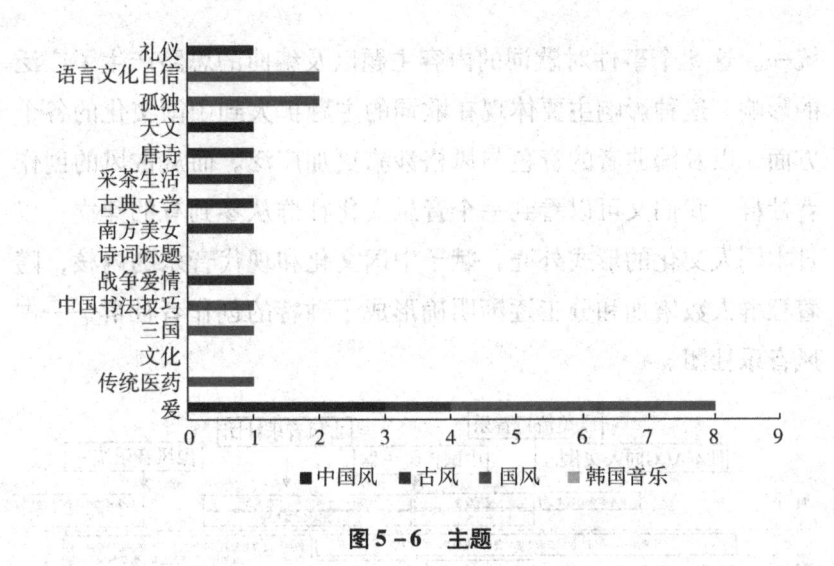

5 古音与今韵:中韩流行音乐中的文化杂交现象

图 5-6 主题

元素,但是并未形成一种新的音乐形式。我们可以从图 5-7 中明显看出,韩国传统音乐的加入没有给韩国流行音乐带来过多的变化。但是随着韩国电视剧在亚洲乃至全世界的普及,韩国传统音乐已经成功变为韩国电视剧 OST 的重要组成部分。

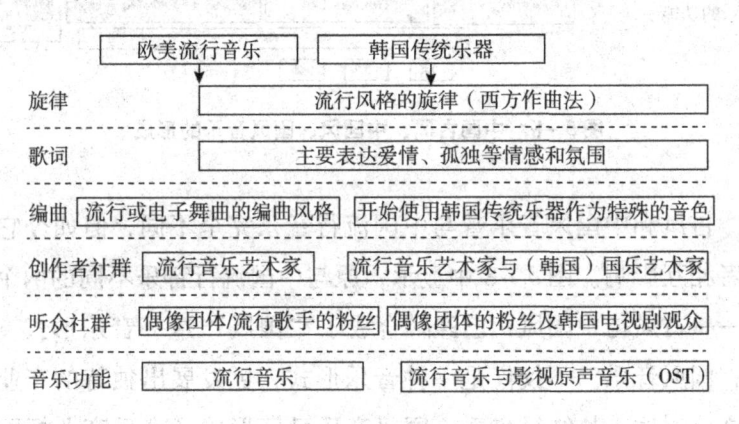

图 5-7 韩国流行音乐与传统音乐的结合模型

与韩国不同,中国的古风音乐形成更为音乐。在图 5-8 中,我们按照大致的时间顺序梳理了 5 个关键事件:日本 ACG 同人文化、欧美流行音乐、中国传统乐器、古风音乐社团以及国风音乐统一。这5个事件对歌词的内容主题以及编曲的思路产生了广泛的影响。这种影响主要体现在歌词的主题扩大到中国文化的各个方面，以及编曲者的音色与风格涉猎更加广泛。而从古风的创作者社群，我们又可以看到一个音乐文化社群从零到有的建立：以日本同人文化的形式外壳，赋予中国文化和现代音乐的内核，随着社群人数增加和分工逐渐明确形成了独特的创作者社群——古风音乐社团。

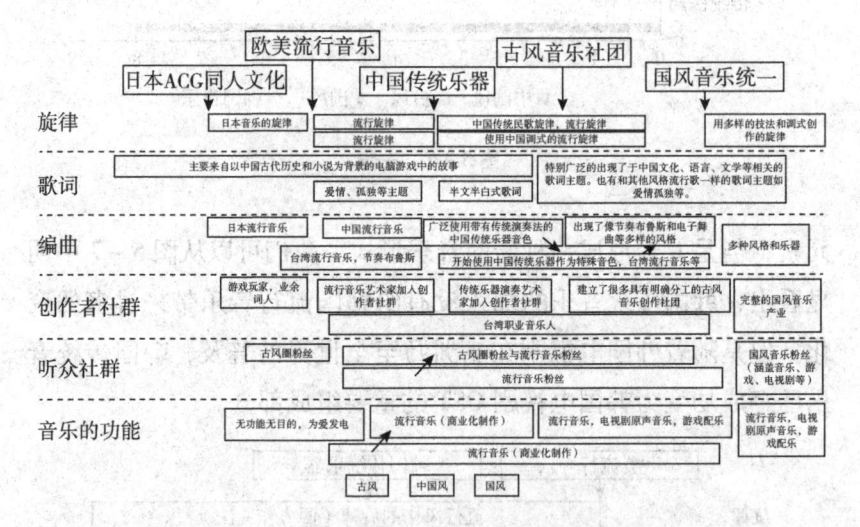

图 5-8 中国古风、中国风、国风音乐的形成

古风和中国风音乐曾与中国流行音乐完全不同，但如今它们三者相互影响。图5-8中显示，原与中国流行音乐不同的两个部分——古风与中国风，已经融合成了"国风"这一音乐形式。而且，国风音乐已不仅仅是一种音乐形式，更发展出独特的产业链和文化群体。从结果来看，国风音乐已经形成了音乐产业标配的功能覆盖：流行音乐、原声音乐及游戏配乐。

我们从歌词和编曲开始，进而到社群与产业，对比了中国和韩国的流行音乐受到本国传统乐器影响。我们可以看到中国把传统乐器和传统文化更多的嵌入运用到了流行音乐当中。而韩国作为文化输出强国，其出海战略并不支持其大量运用本国传统乐器，但是在电视剧原声音乐的广泛使用也对中国的国风音乐产业链提供了借鉴和启发。流行音乐是当代文化的重要载体，通过音乐承载传统文化不失为一种优良的方法。

6 狂欢与孤单：中韩粉丝应援文化中的集体主义

李佳颐　金熙秀*

一　背景

韩流席卷全球。韩国流行音乐偶像（k-pop idol）在其文化输出中扮演着重要的角色，在世界范围内广受欢迎并拥有广泛的影响力[①]，引起了主流媒体的关注。2018年10月，男子偶像组合防弹少年团（BTS）登上美国《时代》周刊杂志封面，三年连续入选全球最具影响力百人榜和互联网最有影响力25人。截至2020年11月，instagram平台上有10位韩流爱豆的关注人数超过1500万人，有的甚至多达4262万余人。本文作者都是韩国流行音乐和偶像文化的粉丝，我们想探究民族的共同性格如何影响中韩青年对韩流偶像的追星行为。集体主义是中韩两国社会的一个重要的共同特征。我们将视野集中于韩国流行音乐与偶像文化，以及两

---

* 李佳颐，清华大学生命科学学院临床医学专业（八年制）2017级直博生，现就读于北京协和医学院；金熙秀（韩国），清华大学新闻与传播学院2017级本科生。

① Laurie, T., "Toward a Gendered Aesthetics of K-Pop", in Ian Chapman and Henry Johnson eds, *Global Glam and Popular Music: Style and Spectacle from the 1970s to the 2000s*, London: Routledge, 2016.

国的大学生在粉丝应援行为的集体主义表现。我们通过深度访谈和焦点小组座谈分别得出了结论，提供了中韩青年群体集体主义表现的文化比较视角。

二 关键概念

(一) 个人主义和集体主义

个人主义[①]是以个体为中心，强调个人道德价值的道德立场、政治哲学、意识形态或社会观。个人主义者提倡实现个人的目标和愿望，重视独立和自力更生。与极权主义、集体主义和更多的集体社会形式相反，个人主义主张个人的利益应优先于国家或社会群体，同时反对社会或机构（如政府）对个人利益的外部干预。古典自由主义、存在主义和无政府主义都是将人类个体作为分析中心单元的例子。它包含了"个人自由和自我实现的权利"，个体间合作的动机是个人利益的偶然满足。

一个集体（在本文中具体体现为粉丝俱乐部，或"站子"）的成员对应援行为中共同利益的追求是集体主义的核心，具体表现在两方面：一方面是基于个体不同利益的互补满足的有机团结（Organic solidarity）；另一方面则是基于共同利益的集体满足的机械性团结（Mechanical solidarity）。

集体主义[②]是一种强调个体之间的凝聚力和团体优先于自我的文化价值观。认同集体主义世界观的个人往往会认为共同的价值观或目标更重要，并且更倾向于内群体（in-group）而不是外

---

① 杜威：《新旧个人主义》，上海社会科学院出版社1997年版；杨明、张伟：《个人主义：西方文化的核心价值观》，《南京社会科学》2007年第4期。

② 罗成翼：《关于集体主义价值观的哲学思考》，《湘潭大学学报》（哲学社会科学版）2000年第S1期；池升荣：《集体主义和个人主义——东西方社会文化差异理解的关键》，《太原师范学院学报》（社会科学版）2008年第1期；Breer, P. E., Locke, E. A., *Task Experience as a Source of Attitudes*, Dorsey Press, 1965。

群体（out-group）。元分析（Meta-analytic findings）的结果支持集体主义与离散的价值观、人际交往模式、认知、感知和自我解释有一致的联系。集体主义经常和个人主义的文化价值被放在一起讨论，但这是两个不同的概念，并非不对立的。

从个人主义的追求到集体主义的依附，个体与社会聚集体之间的关系也各不相同，由此产生的社群既包含松散的、以个人为导向的利己交换网络，也有联系紧密的、永久共享的、表现出集体主义的集群。Breer 和 Locke（1965）将集体主义划分为三个维度[①]：

· 信念（Beliefs）：个人认为是真实的关于现实的陈述；
· 价值观（Values）：人们能感到强烈的、积极的或消极的情感承诺（emotional commitment）的普遍行为原则；
· 规范（Norms）：判别特定行为为社会所接受的程度的社会共享的规则或标准。

信念不等同于价值观，是对真理或事实的陈述，而价值观则用以判别什么是好的或可取的；价值观不同于规范，因为价值观中隐含的行为标准在规范中会以更具体、更实际的形式表现出来。个人主义或集体主义的信念和价值观可能与个人主义或集体主义的规范有所不同，个人主义或集体主义的价值观也不一定遵循个人主义或集体主义的信念。三个维度有如下评估方式：

· 信念：①什么使他人快乐？②什么使他人富有成效或富有生产力？③关于他人偏好的信念；
· 价值观：旨在挖掘人们对个人主义和集体主义行为的情感倾向；

---

① Breer, P. E., Locke, E. A., *Task Experience as a Source of Attitudes*, Dorsey Press, 1965.

6 狂欢与孤单：中韩粉丝应援文化中的集体主义

·规范：在个人和集体利益不相容的情况下，为引出社会规定的解决方案而设计的规范条款。

由于样本数量有限，我们的研究主要集中于粉丝应援文化中反映的集体主义的信仰和个人价值观两个维度。受访者中缺少来自不同学科和社会背景的青年也是本研究的局限所在。值得注意的是，粉丝群体本身就属于集体主义的一种体现。我们试图从有限的条件中以粉丝文化中青年人的应援行为为切入点，总结出中韩两国民族性格中都具有的集体主义在两种文化中各自的表现，反思中韩两国的文化差异及其影响。

（二）韩国流行音乐（K-pop）与韩流偶像

K-pop[①]是韩国流行音乐（Korean pop music）的缩写（韩语：케이팝），其特点是融合各种各样的视听元素，如舞台表演等。韩国流行音乐的现代形式最早可以追溯到20世纪90年代初。K-pop一词自21世纪初以来一直被推广，取代了之前指韩国国内流行音乐的术语Gayo（가요）。虽然K-pop在韩国被归类为"流行音乐"，但这个词通常被狭义地用于描述受世界各地风格和流派影响的韩国流行音乐的现代形式，如实验音乐、爵士乐、福音音乐、嘻哈音乐等，在其独特的韩国传统音乐根基之上又加入了古典音乐。更现代的韩流音乐形式最早是在1992年的韩国流行乐组合"徐太志和孩子们"（서태지와 아이들）中出现的。他们尝试不同风格和音乐流派，融合外国音乐元素，除音乐以外在服装时尚和反叛精神上也成了韩国青少年的文化"大统领"（대통령），

---

① Laurie, T., "Toward a Gendered Aesthetics of K-Pop", in Ian Chapman and Henry Johnson eds, *Global Glam and Popular Music: Style and Spectacle from the 1970s to the 2000s*, London: Routledge, 2016；"케이팝 - 한국민족문화대백과"，https://terms.naver.com/entry.nhn? docId = 2458624&cid = 46662&categoryId = 46662；"케이팝 - 국립중앙도서관"，http://www.nl.go.kr/ask/infoguide/view.jsp? recKey = 5563739；宗麒梦：《融媒体背景下韩国流行文化的国际传播——以BTS为例》，《科技传播》2020年第10期。

帮助韩国流行音乐重塑了现代化的面貌。

"偶像"(idol)在现代词语中意指为人所模仿,被崇拜、追求的对象,后期受日韩流行文化的影响在中文语境中被赋予以唱跳歌手为主、"贩卖人设"的明星的新含义。现代韩国流行音乐的偶像文化正式形成始于1996年由韩国著名大型艺人企划和经纪公司SM娱乐有限公司(S. M. Entertainment)推出的男子组合H. O. T.。当时韩国流行音乐聚集了大批青年,逐渐发展成为一种亚文化,韩国的偶像养成产业模式也粗具规模。在经历了早期K-pop的低迷之后,自2003年起以东方神起(동방신기)和宝儿(BoA)为代表的新一代K-pop偶像将这一音乐流派打入了邻近的日本市场。随着韩国电视节目和社交网络媒体的出现,"韩流"中最具代表性的韩国流行音乐和韩国娱乐文化走出韩国,并收获了大批粉丝,不仅在东亚和东南亚,乃至在全球都得到广泛传播。[1]

韩流偶像是K-pop音乐席卷全球的主推手,打造团体偶像文化、制造偶像标签、注重团体外在包装、绑定周边产业,是韩流"偶像"组合的特色模式。音乐上,K-pop具有融合性,从20世纪90年代早期韩国流行的本土音乐"演歌"(Trot),发展为快节奏的电子舞曲,到今天融合了节奏布鲁斯(R&B)、嘻哈(Hip-Hop)等[2],进一步扩大了全球受众;视觉上,K-pop以身体化和体验感为追求主打动感舞曲,以舞蹈和舞台表演为主导,跨越了歌词传达的文化隔阂,吸引着全球青年的目光;韩流偶像组合也注重视觉包装和打造个性品牌,偶像们姣好的面容和时尚感是吸引青年人关注的要素,每个组合都有专属于自己的应援色、口号

---

[1] "케이팝 - 국립중앙도서관", http://www.nl.go.kr/ask/infoguide/view.jsp?recKey=5563739;宗麒梦:《融媒体背景下韩国流行文化的国际传播——以BTS为例》,《科技传播》2020年第10期。

[2] 宗麒梦:《融媒体背景下韩国流行文化的国际传播——以BTS为例》,《科技传播》2020年第10期。

和粉丝俱乐部（fan club）。

（三）粉丝文化和应援行为

"应援"（Support Behavior）是粉丝语言中的一个专有名词，指的是对偶像的支持和帮助。"应援"的汉语释义为"接应援助"①，翻译自日语"応援"（おうえん），广义定义指"加油助威"，狭义定义指"有组织的应援形式"，最早开始于日本校园体育比赛中的"应援团"，是为运动员加油的团体。"应援团"模式被移植到了文化领域的音乐产业，逐渐形成了"有组织、重纪律、大规模、多形式、高辨识度、有着鲜明韩国特色的明星应援文化"。②

偶像粉丝群体中的应援文化，在韩国流行音乐或韩流盛行的地方广受欢迎，是粉丝们共同参与的最重要的活动之一。随着文化娱乐消费产业的规模扩大，社会经济和媒介技术提供给粉丝支持偶像的途径多样化，粉丝群体开展了多种应援活动。它不仅包括在演唱会上一起大声为明星加油喝彩，还包括"打榜"做数据、捐款和提供物资等多种方式支持偶像。总结如下：

・粉丝身份的确立：加入各种以偶像为名的"粉丝团"和"后援团"，到各大平台或论坛（中国多为微博、豆瓣、百度贴吧；韩国多为Instagram、Twitter、偶像团体官方粉丝俱乐部网站论坛"官咖"等）"反黑控评"，获取和宣传偶像最新动态等；

・数据支持：数据刷量，"打榜"如投票等，帮助偶像获得奖项或提高作品视听率；

・捐款和物资支持：由粉丝自发集资，偶像出席活动时

---

① 中国社会科学院语言研究所编：《新华字典》，商务印书馆2011年版。
② 强恩芳、强子涵：《韩国音乐产业中的应援文化：起源、发展及作用》，《中国经贸导刊（中）》2019年第1期。

为其和其他工作人员提供餐车，以偶像名义做慈善和参与社会公益活动等；

·演唱会应援：在偶像演唱会上展示统一的应援色、应援棒、印有偶像名字与口号的灯牌、应援手幅、粉丝制服，随着偶像演唱歌曲喊出偶像的名字、特定的口号和部分歌词，自制或购买官方周边；

·其他活动：生日和出道纪念日等应援，如包场咖啡厅举办以偶像为主题的庆祝活动，广告及宣传物料投放，为偶像接送机等。

三 研究问题与假设

在应援的文化比较视角下，我们有如下基本看法：

·相似的粉丝文化：韩国的粉丝文化影响了中国的粉丝文化，在两国自身的文化环境中，青年的应援行为相似而又不同；

·高度集体主义：韩国和中国都是高度集体主义的东亚国家。正如本研究中的中韩青年群体，两国的大学生在粉丝应援中都表现出集体主义倾向；

·应援是粉丝文化的重要组成部分，也是合格粉丝参与的主要集体活动。

基于以上假设，我们提出问题：在中韩两国粉丝应援文化中，集体主义的表现有何异同？

在收集数据、进行深度访谈和焦点小组座谈之前，我们根据所阅读的文献提出如下假设：

·假设一：在粉丝文化和应援行为方面，中韩两国青年都表现出集体主义倾向，韩国青年中K-pop大学生粉丝的集体主义程度高于中国大学生；

·假设二：韩国粉丝文化中的集体主义应援模式对中国粉丝应援文化有很大影响。

四 研究方法

（一）深度访谈

（深度）访谈[①]是一种通过提问来引出信息、引起对话的定性研究方法。采访者一般受过专业训练，通常向受访者提出一系列较简短的问题，提问与回答交替进行。与其他研究方法相比，访谈方法有以下特点：不同于焦点小组座谈，深度访谈结果更倾向于匿名，且受限于受访者预先确定的答案范围；访谈比问卷调查更人性化；与邮件调查不同的是，面谈有机会及时深入调查或提出后续问题；访谈也为两个人提供了面对面直接交流的机会，减少间接交流可能引发的不必要冲突。

定性访谈的最大优势是可以挖掘受访者提供的细节的深度。他们可以描绘出一个特定事件，告诉采访者他们对这个事件的看法，以及在受访过程中提供其他额外的信息，包括声音、语调、肢体语言等。这些语言或非语言的细节都能显示情感、人、对象之间隐藏的相互关系，这是许多定量研究方法无法做到的。此外，研究人员可以针对受访者定制问题，以获得丰富的解释和例子、完整的故事和所需的特定信息。

[①] Chava Frankfort Nachmais, David Nachmais, *Research Methods in the Social Sciences*: Seventh Edition, New York, NY: Worth Publishers, 2008.

（二）焦点小组座谈

焦点小组座谈①是一种研究一小群人的反应的定性方法。它常用于市场研究或政治分析中，以一小部分人在指导下的公开的讨论，确定更大的人口对新产品或其他东西可能的预期反应。一个小组的参与者被问及对产品、服务、概念、广告、想法或包装等的看法、观点、信仰和态度，他们可以自由地与其他小组成员交谈或自我表达，研究人员在此过程中提出问题并记录信息。焦点小组的成员选择，关乎是否能获得有效和权威的回应。

焦点小组访谈虽然不如个人访谈和问卷调查便利，但它允许个人做出尝试性的解释，其他人可以否决。焦点小组成员可以通过讨论达成一致意见或坚持自己的立场。它是一种更自然的对话模式，让参与者在交流和建立彼此的观点时相互学习。

五 访谈结果

我们分别深度访谈了中国大学生和韩国大学生追星者各一位，两者都是青年女性。中国受访者是韩国男子偶像组合 BTS（방탄소년단）中的 V（김태형）的粉丝，另一位则是韩国男子偶像组合 BTOB（비투비）中李昌燮（이창섭）的粉丝。采访问题的设置分为三个部分，第一部分是受访者基本信息，第二部分是通用问题，第三部分是针对受访者特别设置的问题。两国青年的回答，证明了假设一和假设二。

在采访中国大学生的过程中，我们感受到韩国的粉丝文化和应援行为对中国粉丝的影响；而在采访韩国学生的过程中，也感受到了韩国粉丝群体集体主义文化对中国的影响。韩国受访者谈

---

① Jamie Harding, *Qualitative Data Analysis from Start to Finish*, London: SAGE Publishers, 2013; "Definition of FOCUS GROUP", www.merriam-webster.com. Archived from the original on 4 May 2016, Retrieved 9 May 2018.

6 狂欢与孤单:中韩粉丝应援文化中的集体主义

到,绝大多数韩国粉丝都是集体主义者,以粉丝的身份在粉丝俱乐部中举办和参与活动。而中国受访者表示,中国粉丝的追星应援行为虽然受到韩国应援文化中的集体主义影响,却有更多的个人行动,粉丝群体的组织性和纪律性也不如韩国显著。

(一) 本文韩国作者金熙秀的视角自述

我访谈了21岁的金妍儿(音译),她在北京大学主修中文,有4年的追星经验。她喜欢韩国男子偶像组合BTOB(비투비)中的李昌燮(이창섭)。她在初中开始成为他的粉丝。初高中阶段因为年纪小,没有正式的追星和加入粉丝俱乐部。高三开始直到现在大学毕业,她正式追星四年了。因为她在中国学习,所以到目前为止还没有进入粉丝俱乐部。她计划在2019年寒假回到韩国后加入粉丝团。

在采访她的过程中,我深深地感受到了韩国青年的集体主义倾向。作为一名韩国学生,很多时候我完全同意她在采访中的回答。因为韩国人的个人追星行为会受到很多限制,而集体行动要比个人行动方便有效得多。因此,韩国在追星和参与应援时,我们倾向于采取集体行动。

金妍儿曾经是一个个人追星者,但在这四年的时间里,她深深地感到集体行动比个人好得多。所以这次她打算回韩国加入粉丝团。采访和焦点小组座谈结束后,我深深地感受到了中韩两国的年轻粉丝为自己喜欢的偶像付出的努力和爱。到目前为止,我对中国粉丝的个人应援行为仍不能完全理解,为什么中国粉丝仍然有个人行动?我认为如果我们粉丝一起行动效率更高,能做更多的事,我们需要粉丝聚集在一起。从地理的角度,韩国很小,从最南端到最北端只需要4个小时,所以粉丝们很容易聚集在一起。中国比韩国空间上大得多,可能为粉丝们聚在一起增加了难度,因此导致集体主义倾向不如韩国粉丝显著。

(二) 本文中国作者李佳颐的视角自述

我访谈了在香港大学主修经济的21岁中国女孩王××,她是

BTS（방탄소년단）的成员 V（김태형）的一个粉丝站子的创立人，有长达三年的追星和管理员经验。在她看来，关注一个偶像和成为他的粉丝有本质区别——只有你持续为 ta 花钱，或者提供打榜等支持，你才能被认为是一个真正的合格粉丝。她也把对 V 的爱提升到了精神层面，视他为"指引人生方向的明灯"，"他非常积极，为他的梦想努力工作，我们想要跟随他，成为一个他这样的人"。

我好奇王是否觉得她的贡献没有也不会得到回报，王的回答是否定的。"如果你想着回报，就不要选择做粉丝，因为当粉丝注定是单相思的事情。"她认为对偶像的感情是一种比崇拜、欣赏和爱更深且纯粹的倾慕，追求回报的想法会破坏它的纯粹性："如果你的偶像取得了一些成就，你会觉得你是和他一起长大的。"重要的不是回报，而是付出过程中的自我感动和满足。

不仅仅是简单的崇拜和支持行为，应援文化还伴随着"偶像是另一个我"的心理投射，偶像的成功代表着粉丝的力量，暗含这个群体的自我实现。每个人的心中都有一个理想化、完美的自我，偶像填充了粉丝心里这个模糊的形象，使之变得真实可感，在这个人与人之间的距离太远的世界里，每一段感情都是珍贵的。心中的情感在现实中可能无处安放，所以我们选择把它们奉献给更好版本的"我"——我们的偶像，而帮助他/她实现梦想的过程，实际上是我们实现自我价值的投射。

六 焦点小组结果

我们在 2018 年 12 月招募了 6 名中国大学生和 6 名韩国大学生进行焦点小组讨论。他们分别是不同的 K-pop 偶像的粉丝，其中大多数（12 人中有 11 人）加入了粉丝俱乐部或官咖。为了确保多样性，我们从不同的学科背景中选择了具有不同人口统计学特征的学生，以在中韩 K-pop 粉丝群体的相似集体主义倾向和思维模式中，获取不同思维方式的碰撞。我们作为主持人提出 5 个问题后，受访者在规定时间内自由讨论，发表自己的意见或与小组成员交谈，我们全程在场记录并确保座谈和讨论的主题和内容不偏离主题，也参与了部分口头翻译工作，以确保小组成员间能相互理解彼此的观点。

以下是焦点小组的讨论结果：

(1) 问题一：为什么韩国流行偶像能在韩国、中国和其他国家获得巨大的人气？他们有什么特点吸引你？

结果：舞台表演华丽（提及 12 次）、外表迷人（提及 11 次）、性格可爱招人喜欢（提及 11 次）、生活态度积极（提及 10 次）、与理想情人/兄弟姐妹/朋友相似（提及 8 次）、具有音乐天赋（提及 6 次）、着装和发型时尚（提及 4 次）。

(2) 问题二：你认为韩国 K-pop 和偶像文化怎样影响中国？可以具体到你的偶像进行讨论。

回答：韩国偶像影响了中国偶像的风格，包括舞台、表演、妆容和穿着等。中国也制作了类似的偶像节目和流行音乐。中国粉丝选择用他们偶像更熟悉的 K-pop 方式来支持他们的韩流偶像，包括：

- 和他们的偶像一起唱歌词的特定部分
- 风扇会议、音乐会
- 机场接送
- 在音乐会上一起为明星大声欢呼
- 通过灯光支持偶像
- 生日及周年庆祝活动
- 统一的服装
- 捐赠和支持材料（食物、咖啡、衣服等）

(3) 集体追偶像和个人追偶像，哪个更好？

中国学生们更倾向于独自追逐韩流偶像，他们有时觉得在粉丝群体中很难平衡所有人的利益，有时候和来自不同背景的人相处会让人筋疲力尽。在中国加入粉丝集体"粉丝俱乐部""官咖"并不是必需的，但加入后确实能帮助获取偶像的最新信息。然而，所有的韩国学生都选择加入粉丝团，因为这让他们有更多的机会参加音乐会、粉丝聚会、机场接机等活动。在韩国个人几乎不可能直接提供应援支持，这是不被经纪公司接受的，但粉丝俱乐部成员有更多的途径。而两国学生通过集体活动为韩流偶像聚集在一起目标是一样的——为偶像做点什么。

(4) 如果你加入了粉丝群体"粉丝俱乐部""官咖""站子"等，你在粉丝网站做什么工作？

·控制评论（评论，转发，点赞积极的留言等）(7)

·奖项投票 (12)

·反复听偶像的音乐、看视频获得更好的点击率、视听率 (11)

·美术、摄影、视频、写作 (5)

·管理他人，分配任务，维持秩序 (2)

(5) 你是否支持你所在的粉丝群体的现任领导者？当你和其他粉丝群体成员有分歧时，你会怎么做？

中国粉丝通常会一起讨论应援活动的内容和方式。粉丝群体的领导者会听取成员的意见，并通过民主决策赢得他们的尊重。提议被拒绝而建议被采纳的场景是很常见的。有时，为了提高效率，领导者也会独自做决定，这在韩国的粉丝群体中更为常见。在韩国粉丝群体成员之间有更严格的等级制度，领导者有更多的权力来决定应援活动和规则。韩国学生认为没有必要反对领导者，但可以提出一些建议。

本文作者李佳颐的视角自述除了访谈，自 2018 年 10 月起的一个多月时间里，我联系了清华大学的 K-pop 粉丝举行了焦点小组座谈。虽然他们有不同的偶像——IU、BTS、BLACKPINK、EXO、Red Velvet、TWICE 和 WINNER 等，和他们交流时我发现很多问题的答案都非常相似，好像每次都是在和同一个人聊天，韩流偶像的中韩粉丝群体的思维方式具有共性。这让我想知道，为什么常被认为更自我、更愿意宣扬自己个性的"90 后"青年，会喜爱甚至疯狂迷恋韩流偶像：他们大多长相纯洁面容姣好，具有时尚感，很有礼貌，讨人喜欢，行为端正。长期从事粉丝心理学研究的北京大学心理学博士李松蔚给出了一个令人信服的理由。她分析了中国 20 世纪七八十年代出生的人在其成长过程中个性和自我表达受到了主流文化和集体主义的压制。因此，他们渴望挑战传统，离经叛道，一直在寻找发泄情感的出口。所以他们的偶像往往具有非常叛逆的性格，通常是摇滚明星和独立歌手。但对于"90 后"和"00 后"来说，社会逐渐开放、多元且包容，我们生活在一个各种文化和价值观都可以接受的文化环境中。反叛不再罕见，我们的挑战和反叛的心理因此不再强烈，没有太多压抑的情绪需要释放。而积极的态度和纯真的性格是我们所渴望的，所以我们更愿意选择一个看起来非常干净纯洁的人作为偶像，而我们可以很容易地从韩国偶像身上找到这一特质。他们通常经过多年的艰苦训练，对工作投入，有礼貌，热情，对自己有很高的要求。

七 讨论

我们将粉丝应援文化中的集体主义表现归纳为以下 5 种方式：
（1）加入粉丝团/网站的倾向；
（2）集体支持活动的热情和必要性；

(3) 遵守粉丝俱乐部的规则；

(4) 共同的爱与追求：共同为偶像付出更多时间和金钱；

(5) 服从并尊重粉丝团体的领导者。

我们将访谈和焦点小组的结果结合起来，用李克特量表对中国和韩国粉丝5个具体方面的程度进行了评估，如表6-1所示。(C代表中国，K代表韩国)

表6-1　　　　中韩粉丝应援文化中的集体主义程度

方式	强烈同意	同意	基本同意	部分同意	不同意
1	K	C			
2		K	C		
3	K		C		
4			K, C		
5	K			C	

为了更清楚地说明问题，我们将同意程度从5分（非常同意）到1分（不同意）分为5个等级，并在图6-1中进行说明，问答结果显示韩国粉丝集体主义整体水平高于中国粉丝。

八　对应援文化的思考

总而言之，我们提出的两个假设通过访谈和焦点小组的研究方法得到了证实：韩国大学生在对韩流偶像的应援文化中体现的集体主义程度高于中国大学生。他们倾向于加入粉丝群来获取偶像的最新信息，有时甚至是不得不加入以参与活动。中国粉丝更享受独自追逐偶像的快乐，以避免人际交往和群体决策中可能产生的分歧，但他们也会加入粉丝俱乐部或团体，使应援行为更具影响力；韩国粉丝文化中的集体主义应援行为对中国粉丝有很大的影响，中国粉丝倾向于用K-pop偶像们更熟悉的方式支持他们。

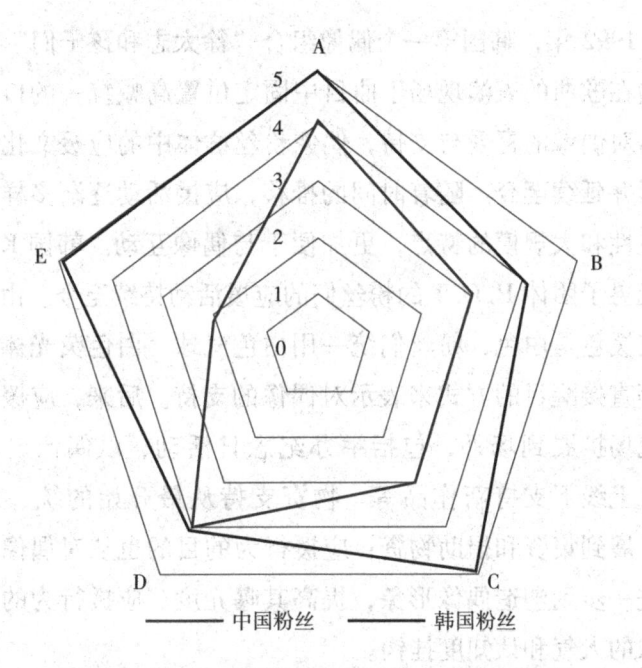

图6-1 中韩两国应援行为的集体主义程度雷达图

在韩国的偶像文化体系中，粉丝已经不仅仅是偶像的追随者，还是明星产业不可或缺的一部分。偶像背后的经纪或代理公司通过各种手段引导粉丝相信自己的贡献会直接影响偶像的命运发展，这是粉丝应援文化发展的基础。K-pop 中的偶像文化影响着中国的娱乐产业，传统的造星模式是"演艺作品—大众媒体关注—话题营销"，偶像的产生大大缩短了这一过程。偶像可以通过外貌和"人设"里招人喜欢的地方直接在社交网络上聚集粉丝，激发粉丝自发或在经纪公司的引导下参与应援，扮演商业推手的角色，进而引起媒体和公众关注。[①]

最初粉丝应援活动的方式较单一，主要集中于观看演出和音

[①] 刘文英：《粉丝应援文化不应视为"异端"》，《深圳商报》2016年5月5日第B08版；夏毅鸣：《"百万应援"背后的女孩们：疯狂、认同感、一天46万》，《创业邦》2017年第4期；马志浩、林仲轩：《粉丝社群的集体行动逻辑及其阶层形成——以SNH48 Group 粉丝应援会为例》，《中国青年研究》2018年第6期。

乐会。1992年，韩国第一个偶像组合"徐太志和孩子们"的歌迷们开始在歌曲的表演现场于曲目中固定位置高喊统一的口号或歌词表达对偶像的喜爱与支持，偶像粉丝群体中的应援文化由此初具雏形并延续至今。随着时间的推移，应援活动逐渐多样化，具有一致性和大规模的特点，更加便于与偶像互动。韩国K-pop的元老级男子团体H.O.T的粉丝们的应援活动持续至今。由于该组合的应援色是白色，粉丝们统一用白色气球、白色荧光棒、白色制服等直接醒目的方式来表示对偶像的支持。后来，应援行为从表演现场扩展到场外，包括举办纪念日活动、以偶像名义做公益、线上线下支持新作品等。物资支持从最开始的统一制服应援，扩展到集资和捐助物资；应援行为的目的也从对偶像表达支持更进一步到塑造偶像形象，提高其曝光度。应援行为的规模也与偶像的人气和认知度挂钩。

应援文化的产生主要归因于韩国的集体主义传统，它强调个人的身份和价值必须在集体中体现出来，集体目标的实现高于个人需求的满足。而中国也是一个有着几千年集体主义传统的国家，因此不难理解为何有着集体主义内核的应援文化在进入中国之后会很快被接受并迅速发展。在应援文化中，集体主义的表现具体为，当成为某位偶像的粉丝，首先应寻找粉丝组织，而所有的应援活动都应该在这个组织下有序进行。随着社会进步和技术发展，原先囿于某一地理位置、分散在各个角落的个体可以被凝聚成一股前所未有的支持力量。

现在的偶像和传统明星最大的区别之一在于粉丝。互联网颠覆了传统音乐产业，传统歌手用他们的创作和作品说话，有大量的粉丝基础，真正的粉丝愿意奉献他们的金钱和时间而不计回报。但是当今偶像组合的粉丝群体更为狂热，即使当中相当一部分人是经济尚未独立的学生，他们对专辑、任何与偶像有关的商品的购买意愿，观看演唱会和参与粉丝聚会、应援活动，追随偶像日程表的狂热程度等都令人惊叹,偶像甚至逐渐成为这部分以"粉丝"身份为自我认同的年轻人的生活重心。

粉丝群体可分为由经纪公司主导的"官咖""粉丝俱乐部"和粉丝自发聚集形成用爱发电的"站子"等。这些站点主要集中在各大社交网络平台。这些群体实行结构化管理并具有拥有话语和决定权的领导者。在韩国的文化语境下,粉丝群体甚至有严格的等级划分,集体性应援活动必须由粉丝群体统一组织;而在中国,个人也可以成为应援活动的发起者和主导者。两国的粉丝集体中的个体都必须严格遵守规则,不服从的粉丝会因为不适应"粉丝集体主义"的群体文化而不再被集体中的其他个体容纳,其价值观和特定群体中的粉丝身份不再被认同,话语和决定权减少,进而逐渐淡出核心粉丝圈。[1]

偶像的知名度和地位是粉丝满意度的来源。"应援活动"会催生追随不同偶像的粉丝群体间的竞争,这种比较的主角不是明星本人,而是其粉丝。在社交网络的帮助下,分散在不同地方的粉丝们聚集在一起,进一步形成了以应援为目的的分工细致、动机强烈、不计回报的强大集体。为了引起偶像的关注,他们获得了极强的为偶像"用爱发电"的动机。在粉丝群体的严格纪律下,他们言行谨慎,听从领导者的指示。在一次次充满激情的集体行动中,粉丝们形成了统一的价值观和行动风格,表现出非常相似的人格特征,价值观和行为相互影响,逐渐同化。粉丝个体必须更加积极地规范自己的言行,否则就无法融入这个强大而狂热的集体。不守规矩的行为被认为会损害整个粉丝群体的形象,进而伤害到偶像。在严格的纪律约束下,组织不断"净化",无法适应这些规则的人逐渐淡出,而剩下的积极分子都是在应援文化下价值观统一且愿意服从命令的人。以"95后"为代表的粉丝

---

[1] 刘文英:《粉丝应援文化不应视为"异端"》,《深圳商报》2016年5月5日第B08版。

消费意愿更强，女性占绝大多数。① 通过社交媒体，她们与偶像形成了更强的"共生"关系——粉丝不再单单是偶像的拥护者和经济来源，更是培养和造星的主要力量。

现在线下应援的主力军是"20代"兼具年轻活力和消费实力，并拥有充足时间的女性粉丝。她们用爱发电动机纯粹，"只是想让更多人认识自己喜欢的偶像，让偶像未来的演艺事业得到认可"。② 她们充满热情，自发形成集体以汇聚更大的应援力量。粉丝群体的话语权和领导者身份往往与粉丝的资历（如喜欢偶像的时长和应援活动的参与度）相关，有时经济实力雄厚的粉丝也可以在群体中掌握决定权。"既然花钱支持了偶像，那就是和他站在了一条船上。"③ 这些真金白银的支持行为背后是粉丝们在享受"参与感"和表达自己在这一群体中的身份认同。现代生活环境中线上社交网络主导的人际交往造成的巨大孤独感和归属感，青少年自青春期起急于向外界寻求认同感的特点，都是集体主义应援文化的心理因素内核，因此粉丝经济和应援文化会是一种长期存在的现象。

---

① 夏毅鸣：《"百万应援"背后的女孩们：疯狂、认同感、一天46万》，《创业邦》2017年第4期；马志浩、林仲轩：《粉丝社群的集体行动逻辑及其阶层形成——以SNH48 Group粉丝应援会为例》，《中国青年研究》2018年第6期。
② 刘文英：《粉丝应援文化不应视为"异端"》，《深圳商报》2016年5月5日第B08版；夏毅鸣：《"百万应援"背后的女孩们：疯狂、认同感、一天46万》，《创业邦》2017年第4期。
③ 夏毅鸣：《"百万应援"背后的女孩们：疯狂、认同感、一天46万》，《创业邦》2017年第4期。

7 "文艺复兴"与"钢铁工业":中韩电竞产业发展对比略谈

刘宣伯[*]

2019年11月,FPX战队代表中国赛区再次夺得英雄联盟S赛冠军,虽然同第一次IG战队夺冠相比,各平台的消息话题热度没有那么"爆表",但是也称得上"铺天盖地";更重要的是,再也没有第一年夺冠时微博的热搜话题疑问:"IG是什么?"

对于中国电竞来说,2019年可谓"风调雨顺"。当年,中国电竞布局的"黄金五年"步入中期阶段,电竞用户人数预计突破3.5亿,产业生态总规模超过130亿元人民币。从成绩上来看,雅加达亚运会上的2金1银,英雄联盟全球总决赛的冠军,守望先锋世界杯的亚军卫冕,都向全球展示了中国电竞的快速勃兴。同时,产业的兴盛也造就了一批"明星",在成为目光聚集之处的同时,也赢得了财富上的成功。《英雄联盟》职业选手Ning(高振宁),《王者荣耀》职业选手Cat(陈正正)登上了2019年福布斯中国发布的2019年30岁以下精英榜。

放眼世界,2019年,电子竞技营收首次突破10亿美元大关。

---

[*] 刘宣伯,清华大学新闻与传播学院2024届博士毕业生,现为北京电影学院电影学系教师。

传统体育经济和互联网热潮共同支持并推进了全球电竞产业的快速成长。在2019年12月举办的第八届奥林匹克峰会上，国际奥委会首次认定"电子竞技"作为竞技体育的地位，鼓励全球的体育组织在电竞领域积极探索，共谋新的发展机会。

在电竞这个新兴的项目里，中韩两国都称得上是"大国"。但相对中国而言，韩国在电竞产业方面具有"先发优势"：在政府的支持下，韩国的电竞产业很早就开始了布局。在经过十几年的发展之后，不仅有了较为坚实的基础，更有了一定的"文化底蕴"，诞生了一批自己的"传统强项"，例如《星际争霸》《英雄联盟》《守望先锋》等。如今，作为新兴产业的电子竞技已经超过汽车制造业，成为其国民经济的三大支柱产业之一。可以说，在韩国，电竞产业就如同我们印象中的"钢铁产业"一样：一方面从经济上来说，韩国的电竞行业在政府布局下，发展相对完善，并且成为国家经济支柱之一；另一方面，在文化层面，电子竞技的职业化道路在政府推动后，进入了标准化、正常化的发展路径，由此，在民众看来，在电竞行业中就业就如同在传统的"钢铁工业"中就业一样被认可，并且带有竞技性上的"光荣"。

作为后发国家的中国，电竞产业发展有着更多的波折。中国电竞从业者在这一行业内的探索和生发时间并不比韩国落后，但是2004年的一纸禁令将中国的电竞产业拖入了停滞期。尽管如此，在民众间对于游戏以及职业游戏玩家的热情不仅未被熄灭，甚至还与日俱增。民间的文化力量在电竞行业终于走上产业化之路后，得到了释放，并迸发出了极大的活力，在政府和资本的双重推动下，将中国电竞发展推上了"快车道"。历经衰落，而后成长，中国电竞现在可谓处在百花齐放的"文艺复兴"期。

由此，本文试图从历史、现状和发展等方面出发，对比分析中韩两国的电竞产业，探究这两种不同模式的碰撞与相互借鉴。

7 "文艺复兴"与"钢铁工业":中韩电竞产业发展对比略谈

一 韩国电竞产业发展历程

韩国电子竞技的崛起可以追溯到1997年,亚洲金融风暴的肆虐让韩国开始反思其当时的经济模式。当时,韩国受制于其有限的国土资源,极其依赖海外的原材料及市场,因此在以出口为主的经济模式受到世界经济环境的冲击后,经济受到重创。在此次危机之后,韩国政府痛定思痛,开始扶植一批新兴产业,它们最好可以不受资源、土地等因素的限制,同时也能够在一定程度上抵御世界市场变动。于是,以文化见长的电影、电视以及电竞行业就在此时进入了韩国重点扶持的名单中。

良好的政策土壤,税收上的优惠,各类配套设施的便利,使得电竞行业在韩国快速发展。1999年,Programmer Korea Open (PKO) 邀请世界范围内16位电竞高手聚集首尔,并且首次通过电视直播了电子竞技相关的比赛;2000年,OGN电视台开播,几乎包办了当时最受欢迎的电竞项目《星际争霸》的所有比赛,直至今日还是韩国电竞产业中重要的媒体之一;2001年,三星牵头举办了一个以"奥林匹克运动会"为原型概念的大型电竞赛事——World Cyber Games (WCG),在此后的十年中,WCG都作为电子竞技界的最高赛事,吸引了众多的关注。

产业的发展离不开企业的支持。三星电子作为韩国最重要的企业之一,在电子竞技行业响应号召进行投入,并很快就初显成效,起到了良好的广告效果,尤其是在本身就热衷于电子产品的年轻人市场中。看到成效的SK、SKT等大企业都跟进加入了电竞行业。但企业赞助个人参加比赛的赞助模式过于粗放,一旦在比赛中选手发挥不佳惨遭淘汰,企业就丧失了曝光量。

在企业寻求推动下,媒介也在需求更多的赛事播出,此两者的推动使得韩国的电竞职业联赛应运而生。2003年,KPGA联赛和 KTF 联赛相继开始运营。从 2005 年开始，韩国的电竞就进入了以职业联赛为中心的成长期。联赛稳定的比赛和播出机制为赞助商提供了更好的宣传效果，同时也给了各大队伍稳定的出场空间和运营空间。在这一时间段内，联赛多是由游戏媒体，尤其是游戏电视台运营和承办，因此各大职业联赛都得到了良好的播送。到 2007 年，职业联赛的数量甚至可以支持一周七天全部播放。在联赛的推进、企业的支持，特别是媒体的宣传下，韩国的新一代青少年们逐渐对电子竞技有了认知，也对这一行业产生了向往，一批年轻的、怀着梦想的选手开始作为新鲜血液进入电竞行业。

除了选手、赛制等软性的支持外，韩国国家在电竞的硬件设施建设上也毫不吝啬投入。韩国的网速和稳定性在全球都位于前列，并且有着全球领先的游戏制作产业，这使得韩国选手和年轻人能够领先世界接触新的游戏或者是游戏新版本，并且有效组织起训练。此外，韩国在 2005 年就修建了配有观众席的龙山电竞馆，并且在 2015 年又斥资 1400 万美元修建了世界上最大的电竞场馆。电竞场地的修建和提供，一方面为电竞赛事的直播提供场地，扩展联赛本身的吸引力；另一方面，更多的场馆供给降低了租用场馆的成本，进一步降低了各种比赛举行的成本。更多项目和联赛的落地，又反过来提供了大量的机会，吸引更多青少年参与较低级别的电竞赛事。

全球电竞行业进入快速发展期，始于 2011 年；而在这一时间的韩国电竞已经进入了成熟期，并且在一些项目上展现出了"王朝"般的统治力。其中最有代表性的是《星际争霸》（包括第一代和第二代）项目，自《星际争霸》成为电子竞技的项目以来，所有的重大赛事冠军都被韩国选手包揽。在 2011 年的 WCG 上，中国选手 XiGua 在《星际争霸 2》项目上取得了亚军的成绩，这是中国在这一项目上取得的最好成绩，冠军还是被韩国选手 MVP

取得①。整个《星际争霸》项目的赛事历程，甚至可以从"抗韩"的角度书写。2013年，在刚刚成为具有一定影响力的电竞项目的《英雄联盟》的全球总决赛上，韩国明星选手"大魔王"Faker率领的SKT战队战胜中国的皇族战队，捧起代表冠军的奖杯。整个赛程下来SKT战队只有一小局的失利，足见其统治力。由此，电竞开始在全球快速发展，其间，韩国凭借其"厚积"优势，在各个项目上都展现出了"电竞强国"的实力。

二 中国电竞产业发展历程

如果说韩国电竞的发展历史可以用"厚积薄发"来形容的话，中国的电竞产业发展则可以说是"一波三折"。

中国电竞产业的发展的开始并不比韩国晚很多，1998年，暴雪的《星际争霸》和Valve开发的《反恐精英》两款游戏进入中国。虽然当时中国的游戏市场是"野蛮混乱"的：盗版横行，网络迟缓，服务器不稳定；但在这样的技术环境下，中国发展出了极具生命力的游戏竞技模式——网吧局域网对战，而且在网吧的组织下，小规模的网吧城市赛悄然展开，金钱奖励引发了赛事在年轻人中的风潮。当然，这时并没有"电竞"的概念，游戏竞技也仅停留在网吧组织的小型比赛和玩家的自组织对战层面。但与此同时，中国电竞产业最基本的底层架构也在这一阶段形成。1999年，中国最早的电子竞技俱乐部A.G.成立，中国有了第一批全职脱产的"电竞选手"，虽然只有两人而已。

直到2001年，中国的电竞行业已经逐步走出萌芽期，在具备了一定玩家基础的前提下，电竞赛事的影响力开始扩大，商业赞助逐步进入。同时，随着玩家群体的扩张，对于电竞内容的需求

---

① 2023年2月3日，中国选手李培楠在IEM卡托维兹夺得冠军，这是中国选手在《星际争霸》项目上的首个世界冠军。

也在逐步增加，中国电竞真正开始发力。这一年，满怀热情的1500位玩家参与了WCG 2001中国区的预选赛，14名选手脱颖而出，取得了参加世界总决赛的资格，并且首次出征韩国就取得了2金1铜的好成绩，仅次于东道主韩国。虽然这两块金牌都是在非单人项目中拿下的，并非重要的项目，但也足以证明中国玩家的实力。2003年，国家体育总局正式接纳电子竞技成为中国第99个体育项目。2004年，Rocketboy（孟阳）在美国取得了CPL 2004冬季锦标赛Doom 3项目的冠军，也是中国电竞史上的第一个个人世界冠军。2005年，"人皇"Sky在WCG魔兽争霸项目中夺冠，并且于次年卫冕。中国电竞选手经历了"网吧"的历练，在世界上取得了光辉的成绩，号召和带动了一批国内的"玩家"开始向"电竞选手"转型，网络设备及硬件厂商也在此刻开始更多地赞助电竞选手，意图获得广告上的收益。

　　市场和选手都开始崭露头角，这本应该是中国电竞发展的机遇期，但2004年4月广电总局发布通知，明确规定"各级广播电视播业机构一律不得开设电脑网络游戏类栏目，不得播出电脑网络游戏节目"。就产业发展来说，不论是何种体育赛事，其赛事转播都称得上是其核心的产品，失去了赛事播放渠道的电子竞技失去了其价值变现的能力，使得整个链条没有了"终端"和"出口"。另外，从文化角度来说，电竞等于玩游戏、等于对学业的荒废的刻板印象占据了舆论场的主流。彼时，真正以游戏为主的电视频道只有游戏风云和GTV两家，并且全都是以付费频道的形式运作，很难被大家看到。年轻人进入这一行业的热情也大打折扣。

　　但游戏的市场并未因此完全消失，发展的着力点从竞技性转向了游戏性；互联网设备的不断普及，使得《传奇》《梦幻西游》等多人在线的网络游戏找到了自己的"春天"，并迅速打开了网游的市场。巨大的玩家群体和市场收益，以及全球游戏文化的兴起，使得中国对于游戏的监管也回调到了适当的水平，电竞借着网游开始回到大众的视野。而这时的电竞赛场上，韩国依旧保持着绝对的统治地位，"抗韩"的口号从那时起，至今仍未断绝。2008年，中国举办了WCG总决赛，这是中国第一次举办国际性的电子竞技赛事，也意味着中国电子竞技行业的复苏。中国第一批电竞从业者依旧在坚持着，中国自己的电子竞技市场运作模式也在逐步探索成型。

从2010年开始，中国互联网迎来了新一轮增长风口，美团、微信等企业都在这一年成立。随着互联网越发成熟，电子竞技的传播有了新的渠道，更多的人不再单纯通过电视机来接收信息，电竞产业链的出口终于被拼合。传统的电子竞技项目《星际争霸》的第二代也删除了其局域网对战模式，开始向网络发展。电竞的媒体效果在这一阶段迅速提升，并且开始形成规模效应。众多的广告商家也在此时开始投入资本，其中最有代表性的就是王思聪及其投资的IG俱乐部。电竞的项目在此时也出现了多样化的趋势，游戏门槛的降低使得越来越多的人可以加入这一行业。最具价值的电竞项目《英雄联盟》在2011—2013年逐渐成型，如今早已成为中国电竞行业的一张王牌。2013年，WCG停办，第一届LPL开幕；同年，Dota2的TI首次采取基本奖金+众筹模式，高达300万美元的天价奖金让电竞的关注度在国内迅速上升。由此，中国电竞进入成熟发展阶段。

三 韩国电竞产业现状及趋势

韩国不仅是公认的电竞大国，还是处于第一梯队的电竞强国。韩国的"强"可以在以下几个方面有所体现。

根据韩国信息分析企业的调查，最受韩国国民关注的体育项目是棒球，占比达到62%，电竞则以26.3%的占比排在第六位。

在 15—29 岁的年龄段中，电竞的受欢迎程度上升至第三位，占该年龄段人口的 39.7%。在这一年龄段里，电竞甚至与传统的体育项目篮球、排球相比都不落下风。

在电竞的企业赞助方面，越来越多的实力更强的企业将精力和目光投向了电竞产业。2017 年，全球时尚品牌 VT VOSMETICS 同电竞俱乐部签约，在选手的制服上打上品牌的标志，同时为选手提供经济方面的赞助、物资宣传方面的支持。甚至还有医疗机构同电竞俱乐部取得合作，为选手提供医疗和健康方面的支持。赞助也不仅仅是通过广告的方式进行，更通过合作的方式开拓新的市场。三星 Galaxy 俱乐部作为有着较雄厚实力的俱乐部，同专业的推广公司 ENISH 取得合作，推出自己的各类周边产品，包括手袋、制服等，通过周边产品在取得收入的同时，也拉近了粉丝和俱乐部的关系，争取扩大市场的可能。同时韩国电竞协会也同康复公司 AIDER 签订合作，保护电竞选手的身体，防止伤病的出现。

在人才培养方面，除了原先稳定的、较为成熟的俱乐部青训体系之外，韩国的 Eyedentity Entertainment 公司在 2017 年投入了 500 亿韩元用于电竞选手的培养以及优质电竞项目的挖掘。除了传统的职业选手之外，EE 公司更重视同娱乐行业的结合，业余选手、女性选手的培养也是该计划的重点。同时，它意图将电竞和娱乐产业更进一步结合，利用韩国优质的综艺资源，开发电竞相关的娱乐赛事和综艺节目，甚至能够从节目中选拔出一支战队，借助综艺让电竞受到更多的关注。

在电竞管理方面，韩国意图构建"电竞城市"的概念。釜山举办了世界电子竞技峰会，建立了电子竞技学院，在研发未来电竞技术的同时，也可以培养大量的选手。位于釜山市的 KeSPA（Korea e-Sports Association）和国际电子体育联盟（IeSF）签订了相互发展的协议，又和传统的国际大学体育联盟签订协议，充分发挥电竞和传统体育的互动协同作用。除政策层面的合作之外，大数据技术也被应用于电竞的管理之中。OPGG作为著名的数据管理公司，和韩国电竞协会签订了合作协议，统一管理和应用联赛中的各种数据，并且完全向全社会公开。

在政策方面，韩国提出了《游戏产业振兴法》的修正案，从而处罚"专业代理游戏商"，禁止以盈利为目的、采用未经批准的方式销售游戏，妨碍正常的运营。这一法案的目的是保护游戏研发厂商的利益，从而使得其能开发出更多的电子竞技游戏产品。在选手的报酬方面，许多联赛开始和选手分享门票收益，并且有越来越多的职业选手也开始和直播平台签订协议，从而使选手的经济收益得到保护。

韩国电竞产业的发展并未因为世界电竞产业的快速发展而被甩在身后，而是在快速的发展之后，进入了"精耕细作"的新模式。在全球的电竞布局中，韩国仍占据着强势地位，不仅是在项目成绩及选手输出上，在公众对于电竞的认知、国家对于电竞的政策支持、对于选手的管理和保护以及电竞比赛的价值变现等方面，韩国都做出了积极的探索和尝试。

四 中国电竞产业现状与趋势

作为电竞产业的"后起之秀"，中国的电竞产业正在经历高速发展期。电子竞技市场实际收入每年都保持了10%以上的同比增长率，值得注意的是，自2018年以来，移动端电竞的收入开始慢慢超过客户端电竞的收入。移动端电子竞技类游戏节奏更快，耗时更短，操作更为简单便捷，符合当代社会的形态。但在韩国，移动端电竞作为新兴的项目，还没有全面的布局，这或许是中国电子竞技"弯道超车"的新的关键点。

随着中国电竞生态的不断优化，电竞俱乐部的商业价值也逐步凸显，不同背景的资本"新血"开始注入电竞俱乐部，新兴的资本和新兴的俱乐部的推动使得电竞行业快速迈进了职业化行业的行列。例如体育用品行业的李宁、视频网站 Bilibili 都加入了电竞行业的资本角逐。虽然和韩国巨大企业的入场不同，但是对于我国的体育行业来说，这已经带来了强劲的势头。

随着俱乐部的发展和联赛的专业化，2019 年中国电竞开始进行赛事主场化的尝试。这源于全国电竞消费市场的成熟以及头部俱乐部的带动。主场化之后，可以有效拉动行业的整体增长，并且提升用户对于电竞游戏及内容的黏性。例如落地西安的 WE 俱乐部和落地杭州的 LGD 俱乐部，都开始与当地城市展开合作，带动当地电竞产业发展，打造城市电竞文化名片，并且在线上线下共同发展当地的俱乐部文化。

电竞赛事主场化带来的一个必然趋势就是电竞用户从线上向线下的转化，这就使"电竞+地产"的新业态在中国开始发展。电竞地产主要通过商圈来满足电竞线下的娱乐需求，提供综合的线下电竞娱乐体验设施。当前，我国虽然有上千家的"电竞馆"，但是真正可以支持举办中大型比赛的不过 10 处。地产业由此抓住了商圈建设的新主题，意图打通线上与线下的流量。但是由于地产业的布局、建设因素，从投入到商业化运用，还有很长的路要走。

在电竞内容的制作方面，电竞内容的制作主体开始发生转变，更多的游戏厂商开始直接参与到电竞及其相关内容的创作当中。并且主体的多元化趋势更加明显。电竞内容的制作方在中国已经基本成熟，内容的供给也基本可以满足需求，但是在其广告资源的管理上，在内容渠道的投放和定制化内容的制作上，尤其是在对于明星选手的打造和对于其直播内容运营、艺人经纪等方面的服务，需要更多原先在该领域有过经验的主体进场参与。当然，在电竞游戏的制作方面，中国目前还没有较高的话语权，尤其是在中小型游戏制作方遭到较大的打击之后，游戏制作方面还处于较为落后的阶段。

总体来说，中国电竞正处于一个高歌猛进的时代，在资本的推动和政策的松动下，曾经遭到压抑的电竞行业开始进入复兴期。但是同时，这也是一个"野蛮生长"的时期。

五 中韩电竞产业发展比较

总体而言，韩国电子竞技的发展，偏重对整个电子竞技产业的生态构建，韩国已经拥有了较为深厚的发展根基，产业链和框架也十分成熟。因此韩国在资本投入的同时，希望有着更好的发展生态。

这种生态的营造主要在电竞产业环境和电竞从业人员两方面入手。产业环境包括了更加科学的数据分析体系、更加健康的电子竞技文化环境、更加完善的青年训练体系以及更加健全的法律法规制度。韩国结合这四个方面原有的资源和人才，为电竞产业提供更加良好而有影响力的环境。而人员方面，韩国希望产业可以"自行生产"达到一定专业程度的人才，为此韩国设立了较多且完善的电竞学院和相关专业，培训了更多的专业人才，吸引更多的年轻人进入该行业。

中国的电子竞技的发展则是在快速复苏期，百花齐放，百家争鸣，大量的资本和人力涌入这一行业，加之深厚的群众基础得以解放，市场在短期内迅速膨胀。但在这样的时期内，并没有形成其完备的体系和规则，资本的唯一指向就是盈利，因此在中国，许多资本的"投入"其实质带有"玩票儿"性质，出现了很多昙花一现的俱乐部和项目，这使得战队的品牌效应不佳，同时也无法使从业人员的发展得到保障。

对比中韩二者的产业链，在上游，韩国存在韩国电子竞技协会（KeSPA），它拥有电竞赛事的转播权、举办权、监督权、俱乐部参赛权和选手参赛权五大权力，稳居整个产业链的最高位置。而转播权和举办权 KeSPA 又拿出来与游戏的开发商和运营商共享，从而使厂商和协会之间形成合作和牵制的关系。在中国，并不存在 KeSPA 这样的组织，主要电竞赛事的举办权和转播权把握在游戏厂商和运营商手中，这当然能更好地促进市场竞争，但是也会导致各个项目间只为经济收益而不顾长期发展的恶性竞争。在中国有可能涉及电竞管理的部门包括出版、文化、体育和广电等部门。虽然在产业的中下游，中国没有落后韩国很多，但是在游戏的制作厂商和人才的培养方面，中国还有很长的路要走。

从商业模式来看，韩国主要依靠赛事转播和广告的收入，赞助商的收入并没有占据很大部分。而中国的收入构成则更为混杂，包括游戏、直播、赛事相关及其他收入，其中，厂商从游戏本身中得到的收入是最大的一部分。由此，韩国商业模式中的赛事成为其关注的核心，也希望能够依靠比赛本身进行衍生品的开发。这样的商业发展路径更符合传统的体育赛事路径，也更加具有可持续性。而中国模式则更注重游戏本身，可能造成赛事质量不高和职业化水准不足。这一点从中韩两国的俱乐部选手管理可以看出：韩国选手的训练内容较为固定，并且包括了心理素质和体能的部分；而中国选手大多数依靠个人的意志和习惯，俱乐部更多提供辅助的工作，大量的练习集中在游戏本身，心理素质和身体的保健没有得到足够的重视，晚上还经常要进行直播，为自己和俱乐部获利。这导致选手虽然可以在短期内拿到较好的成绩，但是缺乏可持续性。并且从明星选手的待遇上来看，虽然两国选手的薪资待遇差别并不很大，但是在公众认知上，韩国选手得到了更多国家、公众层面的认可。韩国职业选手 Faker 获得过韩国十佳运动员的称号。而在中国，2006 年，当时屡获世界比赛大奖的《魔兽争霸3》选手"人皇"Sky 入选了 CCTV5 "2006 年十大体坛风云人物"候选名单，在票数足够的情况下疑似遭遇主办方改票，最终落选。十年之后，"护国神翼"Wings战队在"中国十佳劳伦斯冠军奖"颁奖中又"高票落选"。中韩两国社会对于电竞本身的认可程度差异，也使得电竞选手在退役之后的转型十分困难。

六 总结

"十年电竞，十年抗韩"，这不仅仅是中国电竞的一句口号，或许在世界范围内的电竞行业中，也是如此。韩国是世界上第一个将电竞作为"产业"来进行统一管理和布局的国家，因此在韩国电竞的身上，可以看到很多传统产业发展的影子——统一管理、法规保障、分工明细、国家支持；传统体育中的运营、管理、训练模式被改良以适应电竞行业；政府主导，企业参与。这样打造出来的韩国电竞行业，仿佛精工制造的"钢铁工业"，持续不断地输出自己的选手，取得新的成绩。

中国的电竞行业则是一片蛮荒，虽然土壤肥沃，但是一直没有找到合适的养分和空间。在近几年的资本滋养下，电竞行业开始井喷式发展，而入局的资本如同怪兽，都想要吞并他人，为自己谋利，独享整个行业的"大蛋糕"。这样的搏杀和争斗推动了行业的快速勃兴，但这到底会给这片沃野带来何种损失？"野蛮生长"的快速生长期终将过去，资本的热潮总会退却，电竞产业需要积极而可持续的生态，才能维持其正常、健康的成长。

在世界赛场上，中国选手在"抗韩"甚至是"抗全球"的路上取得了一次又一次的成绩，但中国电竞距离"电竞强国"还有很长的路要走。但愿现在是中国电子竞技产业的"文艺复兴"时期，新人频出，高歌猛进，打破原有的束缚，留下辉煌的成果，更重要的是，为后世打开一条更长远、更宽阔的道路。

8 沉醉中的清醒：中韩大学生饮酒文化比较

朱鹏远　金秀惊[*]

饮酒行为是现代社会中不可或缺的一部分。相较于其他群体，大学生更容易受到饮酒行为影响。其中，中韩两国大学生在饮酒行为上有着截然不同的表现。本研究通过文献综述、问卷调查和深度访谈的方式对中韩两国大学生饮酒行为和饮酒社交文化方面进行了探究，发现韩中两国同学的饮酒行为与本国的饮酒文化具有一致性，并从饮酒文化角度解释了中韩同学饮酒行为上的差异。

一　绪论

（一）研究背景与意义

饮酒行为是当代社会中常见的行为，人们经常通过饮酒来改善心情、抒发情感，或者增进与他人的感情。可以说，饮酒行为已经渗透到了社会的很多方面。中国与韩国都具有源远流长的酒文化，饮酒行为十分常见。同处东亚文化圈的两国在饮酒文化方

---

[*] 朱鹏远，清华大学电子工程系2016级本科生，现于数据安全公司高维数据任算法研究员；金秀惊（韩国），北京大学社会学系2016级本科生，现于管理咨询公司科尔尼任咨询顾问。

面具有一定的相似性,但由于两个国家不同的历史进程和社会发展水平,饮酒文化在两国得到了不同的发展。

韩国人似乎更加青睐饮酒行为,三星经济研究所2004年9月22日发表的研究报告中显示,公司职员过量饮酒的比例是美国的4倍[1],韩国人爱喝酒,不醉不归的行为也是世界闻名的。在各类饮酒群体中,大学生群体尤为重要,他们更有可能尚未形成完整的世界观,容易被环境左右,根据Norberg等的研究[2],大学生群体的确更有可能受到饮酒行为有关问题的影响,因此,了解中韩两国大学生饮酒行为的原因对于两国大学生群体的文化交流以及合理规范饮酒行为都有积极的意义。

(二) 研究群体和行为的界定

本研究中采用问卷调查法和深度访谈法对中韩两国大学生的饮酒行为倾向进行调查,因此有必要对所调查的大学生样本进行界定。本研究中发放调查问卷和访谈的对象均是来自中国的清华大学、北京大学,以及韩国的首尔大学、高丽大学的本科生。这四所高校具有相似的学术水平和社会地位,具有可比性。根据以往的研究,中国的本科生群体的饮酒行为和其所处的年级关系不大,故研究中忽略了年级因素。如绪论中所提的,大学生群体作为一个处在价值观成长时期的敏感群体,其饮酒的偏好最终可能将对整个社会的饮酒偏好产生影响,同时社会环境中对饮酒的认识也会作用于大学生身上。本研究中所涉及的大学生饮酒行为指的是处在大学本科阶段刚刚踏入大学校门的学生群体饮用酒类产品的情况,其中酒类产品指的是所有酒精度大于或近似于啤酒的饮品。

---

[1] 任晓礼、崔元萍:《解读韩国酒文化———一种谋求亲和的男性社会礼仪》,《当代韩国》2009年第3期。

[2] Norberg, M. M., Olivier, J., Alperstein, D. M., et al., "Adverse consequences ofstudent drinking: The role of sex, social anxiety, drinking motives", Addictive Behaviors, 2011, 36 (8): 821–828.

(三) 研究的创新点

近年来对于中国与韩国饮酒文化的调查屡见不鲜，但少有对两国饮酒文化的相似性与差异性进行研究。而本文正是由于意识到中国大学生对于韩国大学生饮酒行为存在刻板印象——他们认为韩国大学生饮酒更频繁，主观上也更青睐饮酒行为——因此比较两国大学生的饮酒行为，通过数据分析判断该印象是否与事实一致。同时，更进一步地研究这一现象背后两国大学生饮酒行为原因上的异同。

二 文献综述

(一) 中韩两国饮酒文化背景

酒是伴随着人类一起诞生的，最初的酒就是野生的浆果落在地上自然发酵形成的。由于酒需要原材料才能发酵，最开始人为制作的酒都是用谷物酿造而成的。据推测，在韩国部落时代，通过谷物酿造酒的技术就已经发展起来[1]。韩国关于酒的记载最早是《三国志·东夷传》："常以五月下种讫，祭鬼神，群聚歌舞，饮酒，昼夜无休。……十月农工毕，亦复如此。"当时的饮酒行为是出于祭祀需要而存在的[2]。事实上，韩国人的酿酒技术是相当高明的。唐代诗人李商隐在其诗《公子》中留下过这样的诗句"一盏新罗酒，凌晨恐易消。"新罗就是当时对韩国的称呼。韩国人传统酿酒技术声名远扬可见一斑。

然而，20世纪初韩国被日本占领后，在日本帝国主义的管制下开始生产新式酒类，传统酒文化开始受到冲击[3]。二战结束之后，由于缺乏粮食，韩国政府对酒的管制进一步加强，要求不能

---

[1] 邵远珺:《韩国酒文化研究》，《哈尔滨职业技术学院学报》2016年第3期。
[2] 赵雪伶:《中韩酒文化对比》，《现代工业经济和信息化》2011年第18期。
[3] 邵远珺:《韩国酒文化研究》，《哈尔滨职业技术学院学报》2016年第3期。

用米酿酒①，这也为韩国以啤酒、烧酒为主的饮酒文化打下基础。同时，在独裁军政府的管理下，为了国家的快速工业化和经济发展，底层劳动人民都承受着难以想象的繁重工作压力。过量饮酒甚至直接喝醉是一种很有效的解压方式，大量的劳动人民由此走上以酒解忧的道路。"炮弹酒"原本是军队中比较流行的饮酒方式，在这一时期也在民间流行了起来。传统文化适度愉悦的饮酒变成为了解忧而进行的功能性饮酒。

金福来教授对这一过程进行了很好的概括。他把该饮酒文化转变时期分为三个阶段：20世纪60年代开始为醉酒时期，饮酒的目的就是一醉解千愁；80年代开始为消遣时期，因为之前饮酒习惯的惯性导致这一时期的韩国人依旧在大量饮酒，但目的与以前不同，饮酒变成了娱乐行为②。90年代到现在为新饮酒文化形成期，一部分传统因素进入了饮酒文化中，酒道与儒家文化再次回归，体现在上下级、先后辈之间的敬酒行为上，赋予了饮酒行为极强烈的社交色彩；同时也保留了之前饮酒行为的娱乐性，酒桌上有着琳琅满目的饮酒游戏，如369游戏，国王游戏等。同样还具有饮酒量大、追求速醉的特点。

当代韩国饮酒行为有两个明显特征，一是集团性，二是刺激性。所谓集团性就是指韩国人的饮酒行为是群体行为。一般都是一个群体，比如同学、同事相约一起饮酒，鲜见一个人喝闷酒的情况。与中国一般多是晚辈为长辈倒酒敬酒不同，韩国酒桌上常见互相为对方倒酒的行为，并且要大家一起喝酒，甚至一同喊口号，如韩国酒博物馆副馆长所言"一种共同体精神通过喝酒，在传换的酒杯中得以体现"③。所谓刺激性，指的是韩国人追求大量

---

① 金福来：《韩国的酒与饮酒文化（英文）》，《健康与文明——第三届亚洲食学论坛（2013绍兴）论文集》，浙江工商大学、浙江农业商贸职业学院，2013年，第17页。
② 金福来：《韩国的酒与饮酒文化（英文）》，《健康与文明——第三届亚洲食学论坛（2013绍兴）论文集》，浙江工商大学、浙江农业商贸职业学院，2013年，第17页。
③ 张明侠：《浅谈韩国的饮酒文化》，《新课程（教育学术）》2010年第8期。

且快速地摄入酒精。"炮弹酒"就是如此：烧酒和啤酒或者碳酸性饮料混合饮酒，在二氧化碳的刺激下肠胃会摄入更多的酒精，更快喝醉。韩国人饮酒往往不是一轮结束，而是喝多轮，直到尽兴才结束。从1945年日本战败一直到1982年，韩国一直实行"禁止夜间通行"制度，晚上12点以前必须回家，对于喜欢喝酒的人只有赶快喝醉才能过瘾，因此养成了迅速饮酒的习惯[①]。现在的韩国仍然有12点酒店必须关门的规定，于是人们就延续了多饮豪饮的习惯。

中国饮酒文化没有经历过像韩国那样突然的转变，传统酒文化始终贯穿着中国人的饮酒习惯。早在商朝中国就已经开始使用用谷物糖化后再发酵的酿酒方式来制酒[②]。中国人的饮酒行为受到儒家文化的深远影响，非常注重礼仪和内涵，具有一定的社交意味。在古时中国人的酒桌上，客人根据身份和地位的不同都有相应的位置，有明确的敬酒次序。饮酒前要行酒令，酒令内容包含琴棋书诗射，情调高雅。而饮酒行为也往往是分场合的，从祭祀开始，演变到各种不同的节日与活动中的项目，如婚礼、过寿时会饮酒，再后来更多的场合，如结拜、赴疆场前壮行都变得离不开酒的饮用了。同时，中国文化中主要饮用的是酒精度数非常高的白酒，这正是由于饮酒行为的礼节化导致的，由于白酒度数高，往往用很小的酒杯盛放，控制每一次饮酒的量，以达讲理合德的效果[③]。中国历史上同样出现过类似于啤酒和葡萄酒类型的酒精饮品，但它们与中国传统的饮酒习惯大相径庭，最终在历史的发展下逐渐消失了。

中国当代的饮酒文化在继承传统饮酒文化的同时，受到了西方酒文化的影响，啤酒和红酒开始逐渐出现在人们的视野中，甚

[①] 任晓礼、崔元萍：《解读韩国酒文化——一种谋求亲和的男性社会礼仪》，《当代韩国》2009年第3期。
[②] 赵雪伶：《中韩酒文化对比》，《现代工业经济和信息化》2011年第18期。
[③] 周海平：《中国酒的文化特性》，《山东食品发酵》2012年第1期。

至一定程度上有赶超白酒的趋势。根据2005年中国疾控中心的调查，现代中国白酒仍然是最主要的酒类，半数以上的人其主要饮酒品种仅有白酒①。从饮酒的目的来看，酒在中国是一种工具，中国人更加关注饮酒行为背后的含义，如商业政治场合中，仍存在饮酒多代表更多的诚意这样的观念；亲朋好友间聚会，饮酒量代表着情感的多寡。这种象征性是当代中国人饮酒的主要原因，黎相宜总结道，饮酒行为正是一种表演性的关系消费②。

（二）关于大学生饮酒行为的研究

之前的学者已经对大学生饮酒行为进行了一定程度的研究。周桂花等对芜湖的大学生进行了抽样调查，通过问卷和评定量表的形式，得出了饮酒行为与性别、经济情况具有正相关性，而与年级、专业没有统计学意义上的相关性③。杜文琪等在青海省的调查同样支持饮酒行为与年级无关的结论④。但是印爱平等在研究中得到了不同的结果，发现饮酒率和年级呈负相关⑤，而黄志英的研究中得出了显著的正相关性⑥。这些独立研究对年级因素的不同结论说明可能有其他因素发生作用，如不同地区的风俗文化、学校的学风等可能对大学生饮酒是否随年级变化产生影响，这一方面需要更大样本量的调查研究才能得出更准确的结论。之前所提的这些研究均是在不同地域进行的，得到的结果与中国疾

---

① 马冠生、朱丹红、胡小琪、栾德春、孔灵芝、杨晓光：《中国居民饮酒行为现况》，《营养学报》2005年第5期。

② 黎相宜：《关系消费的表演与凝固——当代中国转型期饮酒社交消费研究》，《开放时代》2009年第1期。

③ 周桂花、汪萌芽：《大学生饮酒行为与社会支持及生活事件的相关分析》，《中国健康心理学杂志》2014年第7期。

④ 杜文琪、赵旭明、李斌、张海青、刘寿、毛辉青：《青海省在校大学生饮酒现状及影响因素分析》，《中华疾病控制杂志》2015年第10期。

⑤ 印爱平、张晓方、贺尚荣、王博恺：《大学生饮酒状况及相关因素的logistic回归分析》，《中国实用医药》2007年第25期。

⑥ 黄志英：《在校大学生抽烟、饮酒情况调查分析及对策》，《现代预防医学》2008年第13期。

控中心对大学生年龄段的研究有明显的差距①，这很可能是饮酒行为具有强烈的地域性特征导致的。

(三) 对大学生饮酒行为的假设

进化心理学学派认为人的行为是心理机制与人接受到的环境因素相互作用的结果；每一种行为都与一种心理机制关联，由心理机制主导人的行为。而文化心理学学派则主张人的行为是适应不同历史文化的结果。行为生态学派认为是生活环境的不同导致人逐渐产生了不同的心理和行为的方式。社会生物学中则认为是基因的差异导致了行为的差异，也就是说，人的本能决定了人的行为和心理②。

综合不同心理学派对人行为的解释，我们概括为人的内因（即主观因素），和外因（即社会环境因素）共同决定了大学生的饮酒行为。在我们所调查的目标样本中，中韩大学生处在各自相异且稳定的社会环境中，可以对样本的心理和环境的差异进行调查。因此本研究认为可能是内因、外因两个方面的不同导致了中韩大学生之间饮酒行为的差异化。其中，饮酒行为的心理因素概括为主观上认为饮酒可以带来自身一定心理状态上的提升，环境因素则主要考虑了社会中的饮酒文化强制产生社交行为中的饮酒，在此种情况下饮酒者主观上并不愿意产生饮酒行为，但迫于文化压力不得已做出违背本心的行为。

三 问卷调查

(一) 问卷设计思路

根据本研究的假设，设计了包含三个数据组的问卷，分别为

---

① 马冠生、朱丹红、胡小琪、栾德春、孔灵芝、杨晓光：《中国居民饮酒行为现况》，《营养学报》2005 年第 5 期。

② 廖飞：《关于人类行为原因的整合》，《学理论》2009 年第 32 期。

8　沉醉中的清醒：中韩大学生饮酒文化比较

饮酒基本情况、内因、外因：

表 8-1　　　　　　　　问卷的三个数据组

饮酒基本情况	性别 饮酒频次 饮酒开始时间 饮酒类型 饮酒场合 最频繁的饮酒对象
内因	习惯 表达性格 产生亲密关系 愉快体验 味道 对身体负面影响 抒发情感 刺激感
外因	主动劝酒行为 社交因素 被强制劝酒 家庭影响 人脉积累必要 社会责任感

（二）相关变量解释

饮酒基本情况为确定一个人饮酒的情况而设计，剔除了无关的年龄和年级因素。

内因即主观因素，主观上对饮酒的感受，设计了 8 个可能的主观因素。

外因即社会环境因素，主要分为社交需求和环境两方面。

问卷中还设置有其他题目，是为深度访谈而设计，与模型无关。

（三）问卷发布过程

问卷以中韩两种语言在问卷星网络平台发布。中文问卷主要通过微信平台发放给清华大学、北京大学的在校本科生；韩文版问卷则主要通过 Kakao Talk 平台发放给首尔大学、高丽大学的在校本科生。中文版问卷发布时间为一个星期，韩文版发布时间为一个月。最终中文问卷收集有效答卷 334 份，韩文问卷收集有效问卷 224 份。

（四）问卷数据分析

问卷分析使用问卷星平台生成的原始数据，用 SPSS 23.0 进行分析。

1. 信度与效度分析

表 8-2　　　　　　　　信度的克隆巴赫系数分析

可靠性统计（内因）		可靠性统计（外因）	
克隆巴赫 Alpha	项数	克隆巴赫 Alpha	项数
0.766	8	0.643	6

一般认为克隆巴赫系数大于 0.7 为很可信，0.5—0.7 之间为较可信，本实验中两个变量组的克隆巴赫系数在 0.7 左右，可信度较高。

表 8-3　　　　　　　　效度的 KMO 和巴特利特检验

KMO 和巴特利特检验（内因）			KMO 和巴特利特检验（外因）		
KMO 取样适切性量数		0.837	KMO 取样适切性量数		0.787
巴特利特球形度检验	近似卡方	1318.605	巴特利特球形度检验	近似卡方	817.920
	自由度	28		自由度	15
	显著性	0.000		显著性	0.000

两者 KMO 效度在 0.8 左右，说明问卷的效度非常好。综合信度和效度分析，这些变量的选择是恰当的，可以进行相关分析。

2. 相关性分析

收集到的中韩两国问卷添加国别标识（中国 = 1，韩国 = 0），与问卷作答结果进行皮尔森相关性分析，相关性大于 0.2 的项列入表 8-4 中。

表 8-4　　　　　　　　相关性大于 0.2 的变量

饮酒频次	皮尔逊相关性	-0.572
	显著性（双尾）	0

续表

主动劝酒行为	皮尔逊相关性	-0.284
	显著性（双尾）	0
习惯	皮尔逊相关性	-0.243
	显著性（双尾）	0
社交因素	皮尔逊相关性	-0.219
	显著性（双尾）	0
表达性格	皮尔逊相关性	-0.213
	显著性（双尾）	0
被强制劝酒	皮尔逊相关性	0.305
	显著性（双尾）	0
产生亲密关系	皮尔逊相关性	-0.291
	显著性（双尾）	0
人脉积累必要	皮尔逊相关性	-0.318
	显著性（双尾）	0
愉快体验	皮尔逊相关性	-0.353
	显著性（双尾）	0
社会责任感	皮尔逊相关性	0.256
	显著性（双尾）	0

饮酒频次与国别的相关系数为-0.572，说明中韩两国大学生在饮酒频次上有极其明显的差距，韩国大学生显著多于中国大学生。相较而言，中国大学生更少进行主动劝酒行为，更少养成饮酒的习惯，对于饮酒的社交功能的认识要弱于韩国同学，体验到更多被强制劝酒的行为，同时认为饮酒者应当承担更多的社会责任感。这与文献综述的内容一致，韩国人更愿意包容饮酒的行为，认为喝醉也是情有可原，群体性饮酒促进集体认同感，且存在更多强制劝酒的行为[1]。中国同样存在饮酒与社交的依附性，但大多与商业政治亲情行为有关，在大学生的日常生活中少见

---

[1] 金福来：《韩国的酒与饮酒文化（英文）》，《健康与文明——第三届亚洲食学论坛（2013绍兴）论文集》，浙江工商大学、浙江农业商贸职业学院，2013年，第17页。

必须饮酒的情况，因此中国大学生对饮酒与社交关系的认同感弱于韩国学生。

3. 似然比检验

表8-5　似然比检验内因变量组对饮酒行为影响的权重

效应	似然比检验（内因）（中）				
^	模型拟合条件	似然比检验		
^	简化模型的-2对数似然	卡方	自由度	显著性
截距	589.199	72.709	3	0.000
12. 习惯	540.964	24.475	3	0.000
15. 表达性格	520.750	4.260	3	0.235
18. 产生亲密关系	517.210	0.720	3	0.869
21. 愉快体验	535.980	19.490	3	0.000
22. 味道	529.162	12.672	3	0.005
24. 对身体负面影响	516.644	0.154	3	0.985
25. 抒发情感	518.729	2.239	3	0.524
29. 刺激感	518.341	1.851	3	0.604

效应	似然比检验（内因）（韩）				
^	模型拟合条件	似然比检验		
^	简化模型的-2对数似然	卡方	自由度	显著性
截距	453.262	45.647	4	0.000
Q12	409.764	2.149	4	0.708
Q15	409.786	2.170	4	0.705
Q18	428.704	21.088	4	0.000
Q21	431.815	24.199	4	0.000
Q22	416.793	9.177	4	0.057
Q24	412.229	4.613	4	0.329
Q25	412.059	4.444	4	0.349
Q29	412.037	4.421	4	0.352

比较中韩两国内因组的数据，在饮酒习惯和促进亲密关系两个因子上存在明显差距，中国同学中拥有个人饮酒习惯对饮酒行为有显著的影响；而韩国同学则并非如此，韩国同学更倾向于集

体的饮酒行为,因此个人习惯与饮酒多寡关系不大。同样的,韩国同学相比中国同学对饮酒可以促进亲密关系有更高的认同度。中韩同学对酒的认识存在明显的共性。

表8-6 似然比检验外因变量组对饮酒行为影响的权重

似然比检验（外因）（中）				
效应	模型拟合条件	似然比检验		
	简化模型的-2对数似然	卡方	自由度	显著性
截距	602.605	17.494	3	0.001
11. 主动劝酒行为	593.171	8.060	3	0.045
13. 社交因素影响	633.915	48.804	3	0.000
17. 被强制劝酒	594.651	9.540	3	0.023
19. 家庭影响	585.989	0.878	3	0.831
20. 人脉积累	590.885	5.774	3	0.123
27. 社会责任感	611.060	25.949	3	0.000

似然比检验（外因）（韩）				
效应	模型拟合条件	似然比检验		
	简化模型的-2对数似然	卡方	自由度	显著性
截距	458.396	27.132	4	0.000
Q11	459.943	28.679	4	0.000
Q13	446.056	14.791	4	0.005
Q17	433.627	2.363	4	0.669
Q19	434.189	2.924	4	0.571
Q20	438.097	6.832	4	0.145
Q27	433.617	2.352	4	0.671

从外因变量组来看,中韩同学的差异明显高于内因变量组。中国同学中更少有主动劝酒行为,同时对饮酒行为的社会责任感有更高的认同度。令人惊奇的是,更多的韩国同学对饮酒对社交的促进关系认可度低于不常饮酒的中国同学。韩国的饮酒社交行为已经成为社会上的惯例,形式上的社交意义很可能已经超过了原本真正促进感情的效果。不出意料的,中国同学较韩国同学更

多地受到了强制劝酒行为的影响。

四 深度访谈

(一) 深度访谈设计思路

问卷调查的内容主要是为了解整体的饮酒文化偏向。除此之外,为了能够全面、深切地了解处在饮酒文化中的大学生的心理和看法,进行深度访谈是必不可缺的研究方式。访谈目的是试图更加深入地理解中韩大学生对饮酒社交文化的看法,更加具体地了解饮酒社交文化给他们带来的好坏影响,更加准确地进行两国大学生饮酒社交的比较。

深度访谈的设计主要参考了调查问卷中中韩学生回答情况差别较大的问题,如解释自己对饮酒文化的看法;辅以一些调查问卷中无法获得的回答,如初次饮酒时的体验——第一次饮酒的情况能反映一个人对酒最直接纯粹的看法,有一定的研究价值。

深度访谈选择了中韩大学生各10名,为了更好地理解不饮酒者的心理,其中饮酒者和不饮酒者各有5名。对饮酒者的问题是"初次饮酒之前对饮酒的看法;说说初次喝酒的经历,是强制性还是自愿性;初次饮酒之后对饮酒的看法;经历过的饮酒对社交的影响;是否认同饮酒与社交的关联性;是否觉得饮酒社交文化需要改善";对不饮酒者的问题是"为什么不喝酒,如何遵守自己不喝酒的准则,身边人的反应,是否担心自己不喝酒对社交功能的影响,是否觉得饮酒社交文化需要改善"。

(二) 深度访谈过程

我们先联系了两国的访谈对象,对他们解释本研究的主题、深度访谈的目的,并约定深度访谈的时间地点。对中国学生的深度访谈选取了一对一直接面谈的形式;对韩国学生的深度访谈则选择了使用如Skype等国际视频平台进行交流的形式。所有的聊天内容均进行了录音。深度访谈过程中始终遵守以下规则：一是倾听被访谈者的回答，表示认同或尊重意见；二是专心观察被访谈者的语气和表情，准确、细致地理解记录被访谈者的想法；三是关注被访谈者的回答，引导其对关键点进行充分的解释。

（三）结果分析

以饮酒者为对象的访谈结果中得出的结论是，第一次在聚餐中尝试酒为韩国人带来了愉快的体验，能感受到饮酒增进感情；中国人的初次饮酒给他们带来的效果更偏向于排遣忧愁等，并不以社交功能为主。两国大学生从小都对酒有好奇心，后来第一次饮酒的经历给他们带来的感受却如此不同。两国喝酒的大学生所表达的相同看法是，酒文化中过度劝酒的现象需要改善。

以非饮酒者为对象的访谈结果中看出的最大区别是，韩国人想不喝酒，一定要有一个合理的理由，最具代表性的是宗教原因；没有合理的理由但不想喝的学生会在大家都喝酒的场合下制造一个合理的理由去拒绝敬酒。相反，大部分中国学生不喝酒的原因在韩国学生眼里是有点不"合理"：不是宗教、健康问题，而是因为不好喝、不想喝醉至不省人事犯错等，而且在大家喝酒的场合下也能坦荡地说出自己不愿意喝，并不找看起来合理的理由去拒绝。第二个区别是，中国学生不担心不饮酒会阻碍社交功能，也不觉得不喝酒会带来社交上的障碍；而韩国学生是认同障碍存在的。在喝酒的和不喝酒的两国大学生中的唯一的共同点是"想改善过度的劝酒行为"，另外的较多的人赞同"除喝酒之外，想找其他增进大家友谊的方式"。

五 结论与展望

中、韩两国大学生处在不同的饮酒社交文化下，饮酒行为上存在明显差异。韩国大学生饮酒行为远远多于中国大学生。两国大学生对喝酒的看法具有一致性：从未接触酒时对酒存在一定好奇和抵触的心理，后来认为酒是一种带有社交性质的饮品。两国大学生对酒的味道、酒对个人情感的影响的观点相似。差异在于两国不同的饮酒方式和社交文化。韩国大学生受韩国当代酒文化影响，倾向于群体性饮酒行为，追求大量快速地多次饮酒，对醉酒行为更加宽容，追求群体认同感而导致形式化饮酒行为。而中国大学生群体，不同于广泛国民群体，接触的社交饮酒场合较少，所以对饮酒行为没有明显的倾向性。

两国大学生认为共同存在的文化弊端是劝酒行为，两国大学生共同愿意改善的方面也是劝酒行为。饮酒社交，本来是拉近人际距离的一种手段，大家聚在一起喝酒，一起抒发更真实的感情。可是现代饮酒社交文化在许多人看来，喝酒喝得不痛快、没意思、没味道，酒桌关系是完全是为了保持工作关系。喝酒本来应该是消除人际距离的一种很有效的手段，可事实上它给我们带来的却是约束性压力，有人劝酒也不能吐露自己真实的内心想法，要憋着喝下去，这违背了饮酒的功能。但这些长辈劝酒和晚辈不得不喝下去的文化是可以由我们年轻人来改善的。从我们做起，对那些不喝酒或喝不下去酒的人，多一些理解和宽容，稍微敞开内心，会促进没有酒也能便于沟通、大家开心的酒文化。

事实上，大学生的饮酒行为还和地域、经济情况等其他因素相关，本研究由于条件限制无法对更多的环境因素对中韩大学生饮酒行为的影响进行探究。同时，本研究中的样本均是与调查者本身存在社交关系的大学生群体，所得到的结论可能具有一定的偏差。

第三部分

观 念

9 Flex！中韩青年奢侈品消费行为观察

洪 源*

根据麦肯锡2019年1月发布的中国奢侈品报告，"80后"的奢侈品消费占中国奢侈品总消费的43%，平均每人每年支出达到4.1万元人民币。"90后"的奢侈品消费占中国奢侈品总消费的23%，平均每人每年花费达2.5万元人民币，与他们的父辈相当。

根据韩国乐天集团旗下的大数据咨询公司LOTTE Members在2019年第三季度发表的乐天会员消费趋势报告——奢侈品购物篇，"90后"在2017年第二季度占韩国奢侈品总消费的5.4%，在2019年第二季度占奢侈品总消费的11.8%。[①] 考虑到韩国年轻消费者倾向于去中国香港或者日本以较低的税率购买奢侈品，这意味着韩国青年在奢侈品消费中占很大一部分比重。

显然，在中韩两国奢侈品消费中，青年都占据着举足轻重的地位，那么对于两国青年来说，奢侈品消费意味着什么，其中又有一些怎样的消费现象呢？

---

* 洪源，清华大学经济管理学院2017级本科生，现就职于北京瞻攀康博思商务咨询有限公司。

① LOTTE Members, LOTTE Members trend Y report 2019 3rd quarter: luxury shopping trend.

第三部分　观念

一　韩国青年：通过嘻哈文化正名的炫富成为新的奢侈品消费风潮

在韩国乐天集团旗下的大数据咨询公司 LOTTE Members 2019 年第三季度发表的乐天会员消费趋势报告——奢侈品购物篇中，Flex 成为三大关键词之一。Flex 一词来自美国嘻哈文化，原意为"屈伸、活动（四肢和肌肉）"，后衍生为"身材好的人炫耀肌肉"的意思。在 20 世纪 90 年代美国嘻哈文化中，Flex 一词被用作"炫耀财富与奢侈品"的意思。

韩国嘻哈歌手 YumDDA 在 2018 年第一次把这个词带入了韩国青年们的视野，他在韩国嘻哈歌手淘汰制节目 "Show Me the Money" 中展示大量奢侈品，并将此行为称为 Flex。随后，YumDDA 在 YouTube 中发布了一系列包括花 4000 万韩币（约 23.6 万元人民币）购入二手凯迪拉克的内容，并结合他嘻哈歌手的身份，冠之以 Flex 的名号。这一概念影响了一大批韩国"90 后""00 后"，自此在之前社会认知中并不正面的炫富行为依托嘻哈文化中 Flex 的概念正了名。而嘻哈文化在韩国的风靡，仿佛也让青年们认为，炫富是一件时尚潮流的事情。随后 YouTube 上涌现出一大批奢侈品购买开箱博主，Flex 逐渐成为韩国青年中的一种消费潮流，引得其竞相模仿。

现在在 YouTube 中活跃的时尚、美妆博主中都有点击率非常高的奢侈品购物视频，包括 Cheeu、Hanbyul 等，视频内容大多为 Louis Vuitton、Christian Dior、Chanel 等品牌的美妆、成衣产品。1992 年出生的博主 Hanbyul，截至 2020 年 1 月已有 90 万粉丝，其中一条名为"2810 万韩元的奢侈品购物"的视频有 28 万次播放量。而这些活跃在 YouTube、Instagram 等社交媒体平台的人气博主和网红对于青少年来说有很大的引导力和影响力。在韩国乐天

图 9-1 左：嘻哈歌手 YUMDDA，图中标题为：一天之内花光 4000 万韩币?!
右：油管博主 Hanbyul，图中标题为：2810 万韩元（16.6 万元人民币）的奢侈品购物！！

集团旗下的大数据咨询公司 LOTTE Members 2019 年第三季度发表的乐天会员消费趋势报告——奢侈品购物篇中，韩国"90 后"主要通过活动在 YouTube、Instagram 等社交媒体的 Influencer（网红）获取信息情报，做购买决定，这个比例达到了 26.7%。

这些博主不单会影响青少年的消费决策，还影响着青少年的消费行为。报告中显示，在购买渠道上，韩国"90 后"最偏好去品牌实体店购买，这一比例达到了 12.8%，其原因分别为：在旗舰店或实体店卖场可以比其他人更加迅速地购买新品；实体店优质的服务可以享受 Flex 的体验；可以留下在社交平台分享的照片。以上三种原因无不与能够效仿那些博主甚至制作相似内容的视频进行 Flex 息息相关。

那么，韩国青年对这种文化有什么看法呢？

根据韩国最大的校服品牌스마트학생복对 358 名韩国初高中生调研奢侈品消费文化的结果，34.1% 的青少年认为如果经济上负担得起，就会想多购买奢侈品，30.7% 的青少年认为当下的奢侈品消费文化会助长过度消费，10.6% 的青少年认为虽然并不特别关心奢侈品，但因为是大众文化所以会跟随。

而在被问到青少年认为的青少年奢侈品消费最大的问题是什么时，第一名是超出经济能力的奢侈品消费（35.5%），第二名是有无奢侈品会使同学间产生阶级差异（31.6%），第三名是会因购买奢侈品引起犯罪行为（13.1%）[①]。

二 中国青年：奢侈品成为一种社交资本

奢侈品消费在中国青年中并不是主流行为，奢侈品消费后炫富的行为也并不是主流文化。对于中国青年来说，奢侈品消费更多是一种社交资本，只有特定人群具有通过购买奢侈品以增强身份认同的需求。

麦肯锡2019年发布的中国奢侈品报告中显示，中国青年在做购买决策时，主要是通过品牌门店的体验。这也体现出在中国奢侈品购物并没有成为趋之若鹜的一种消费行为，奢侈品消费者主要还是经济充裕的高收入人群。但与韩国青年相同的是，在购买决策上，关键意见领袖（KOL）在其中起着至关重要的作用。

以奢侈品品牌香奈儿发布Gabrielle包（流浪包）后的官方营销手段为例，一线明星杨幂首先背着这只包出现在时尚博主Mr. Bags包先生的微信公众号，使这一新品一炮而红。接着，知名度比较高的本土流量KOL接棒，用通俗易懂的方式将顶级时尚解构成消费者容易理解的各种照片、博文和评论，最后，一长串草根网红为全国各地的消费者完成产品的本土化宣传。

在整个营销过程中，名人和KOL的影响力不容小觑。尤其是KOL，为奢侈品营造日常生活场景，让品牌放下身段，更加接近年轻人的生活。

通过比较中韩两国奢侈品消费行为我们可以看到，不管是KOL还是网红，不管是社交平台上的通过奢侈品达到Flex的效果还是利

[①] "디지털 조선일보: 청소년 56.4%, '명품 구매했다' ⋯구매하는 이유는"（《数字朝鲜日报：56.4%的青少年购买过奢侈品⋯购买的理由是?》）https://m.post.naver.com/viewer/postView.nhn? volumeNo=27224704&memberNo=10005291&vType=VERTICAL。

9　Flex！中韩青年奢侈品消费行为观察

用奢侈品作为社交资本，尽管叫法不同，流行的单品不同，但在奢侈品消费上两国青年在消费观念上有相似点。

最能影响您购买决策的信息源有哪些（列举前3个）？
受访者占比（%）

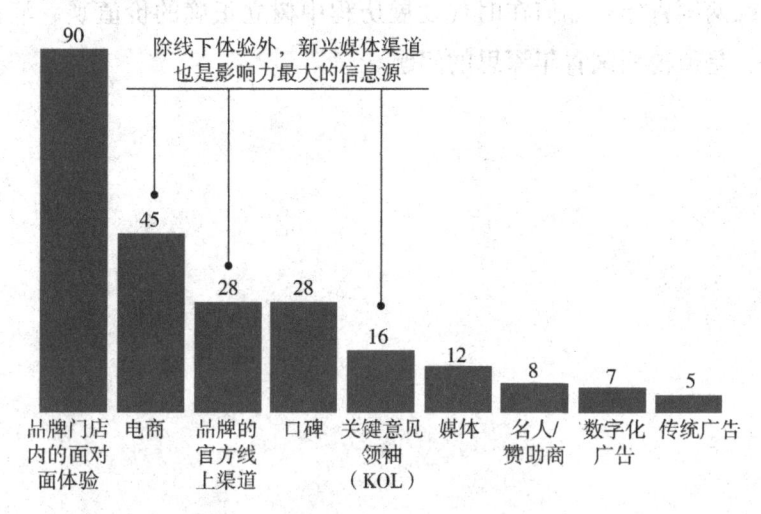

品牌门店内的面对面体验	电商	品牌的官方线上渠道	口碑	关键意见领袖（KOL）	媒体	名人/赞助商	数字化广告	传统广告
90	45	28	28	16	12	8	7	5

除线下体验外，新兴媒体渠道也是影响力最大的信息源

图 9-2　麦肯锡中国奢侈品报告 2019：影响购买决策的信息源[1]

当今平台媒体和社交媒体中的许多内容都在暗示人们，拥有某样物品就象征拥有什么地位，成为什么人，代表了时尚和潮流。有时也许甚至都无须在意那件物品究竟有什么用处，只需拥有这件物品代表的意义即可。马克思在《资本论》中把这种现象比喻为拜物教，称之为商品拜物教：在商品经济中，人与人的社会关系被物与物的关系所掩盖，从而使商品具有一种神秘的属性，似乎它具有决定商品生产者命运的神秘力量[2]。后现代理论家鲍德里亚称之为对"符号"的崇拜。他在《符号政治经济学批判》中写道："拜物教实际上与符号—物关联了起来，物被掏空

---

[1]《麦肯锡中国奢侈品报告 2019》，https://www.mckinsey.com.cn/wp-content/uploads/2019/04/McKinsey-China-Luxury-Report-2019-Chinese.pdf。

[2]《商品拜物教》，百度百科，https://baike.baidu.com/item/%E5%95%86%E5%93%81%E6%8B%9C%E7%89%A9%E6%95%99/8248664?fr=aladdin#2。

第三部分 观念

了，失去了它的实体存在和历史，被还原为一种差异的标记，以及整个差异体系的缩影。"①

如果这种现象是商品经济发展过程中不可避免的现象，那么中韩两国青年要如何在时代发展历程中树立正确的价值观、消费观，是值得两国青年深思的问题。

---

① ［法］让·鲍德里亚：《符号政治经济学批判》，夏莹译，南京大学出版社2015年版，第80页。

10 儒者治企:韩中企业文化比较

金舜炯[*]

一 绪论

(一) 研究意义

企业文化是在一定社会历史条件下,企业在物质生产过程中形成的具有本企业特色的文化观念、文化形式和行为模式,以及与之相适应的制度和组织结构,体现了企业及其成员的价值准则、经营哲学、行为规范、共同信念和凝聚力。[①] 一国的企业文化是一国民族文化的体现,由于历史、自然、社会和文化环境的不同,世界各国的企业文化也各具特色。

韩中两国自古以来受同源文化的影响。儒家文化作为中国传统的主流文化,对中国封建社会的稳定和延续起到了重要作用。同时,儒家文化作为韩国的主流哲学思想,已经升华为韩国国民的价值观念和行为准则的基石。由于两国都受儒家思想影响,两国企业文化具有相似性的同时,在两国近代的不同历史和社会背景下,也存在着一些不同。主要以儒家思想"唯张师尊"的上下级文

---

[*] 金舜炯(韩国),清华大学法学院环境与能源法2020级博士研究生。
[①] 廉勇、李宝山:《文化差异在企业管理中的冲突和融合——韩中企业跨文化管理研究》,《贵州财经学院学报》2005年第2期。

化及"男尊女卑"的性别文化在韩中两国企业的体现为中心展开。

（二）研究方法

本研究将韩中两国企业分为三类：国有大企业、私有大企业以及中型企业。针对此三类韩中两国企业案例进行访谈，访谈对象为四位（四类）：男性上级、女性上级、男性下级和女性下级。访谈时所涉及的问题如下：

对男性上级的问题	对女性上级的问题
·与下级如何进行沟通？ ·单位内开会的主持方式如何？ ·是否经常与下级聚餐或喝酒？ ·如何保障员工的休息和个人时间？	·单位内女性领导的人数？ ·在升职时有无性别上的不平等？ ·单位内如何保障女性的休息？ 　*例如：怀孕、特殊日期 ·单位有无对家里孩子抚养支持？

对男性下级的问题	对女性下级的问题
·与上级的沟通如何？ ·对待异性领导有何种不同？ ·开会时是否能够积极发言？ ·上级有无要求晚上聚餐或喝酒？	·入职时是否有性别不平等？ ·与同性与异性领导相比， 　与哪位领导沟通上更方便？ ·与同异性员工相比有无存在不平等？ ·上级有无要求晚上聚餐或喝酒？

表 10-1　　　　　　　　　　访谈对象

企业分类 国家分类	国有大企业	私有大企业	中型企业
中国（访企时期）	江原道开发公社 （16.08.12）	腾讯、京东 （16.10.28）	TATA UFO （16.03.25）
韩国（访企时期）	中国建设第五工程局 （16.09.30）	CJ （16.03.11）	Piki Cast （16.02.04）

二 韩中企业文化比较

（一）韩中私有大企业的比较

CJ公司作为韩国著名的私有大企业，在它旗下有CJ&M公司及CJ大韩通运公司。韩国CJ公司所从事的服务业与腾讯及京东业务有紧密联系。

1. CJ公司

CJ于2000年开始在内部实行"您文化"活动，通过此活动废除了上下级关系之间的阶级上的称号，只要是在公司内部，无论男女、上下级都要互相称"您"。韩国CJ公司被不少媒体评价为上下级关系较为平等的工作单位。[1] 访问CJ公司的时候，笔者发现公司内部员工之间交流经常都会用到"您"这一词，包括单位领导与下属员工交流的时候。

虽然CJ的"您文化"给单位带来了平等的交流环境，但是，在访谈时还是可以发现垂直的上下级关系及"男尊女卑"的现象。"您文化"可能使韩国单位领导与下属进行沟通时消除了过去领导的权威主义，但是仅仅体现于韩国语的语言组织方面。在处理工作上及员工们的聚餐文化中还是体现了较为垂直的文化。例如：

· 办公时，虽然进行"您文化"，但下级看到上级都会鞠躬，上级对下级鞠躬的情况并没有看到。

· 开会时，虽然会议气氛很活跃，员工们也有很多机会对相关话题发表个人意见，但是很多时候仍由领导来主持会议，而员工们都要一一记下，员工们的意见也不经常被采纳。

---

[1] http://www.yonhapnews.co.kr/bulletin/2016/03/26/0200000000AKR20160326034600030.HTML? input=1195m，2016-03-27，2016年11月23日。

第三部分 观念

　　·一位CJ员工表示韩国的单位内部晚上聚餐是工作的延长，许多领导人认为聚会可以培养一个单位的凝聚力，时时会提倡饭聚、酒聚、KTV聚，但是饭聚结束后有时还要回到单位里继续完成任务，难以保障员工们的"夜生活"（下班后的生活）。

　　·CJ总部内的女性领导与男性领导相比较少，一位女性领导提到目前在韩国社会结构上，女性在单位内部的升职会受到限制，入岗的时候虽然男女比例没有明显差距，但是到了领导阶层时仍然是男性较多。

　　·虽然女性在怀孕及周期（生理期）时可以申请单位的休假，但女性员工表示产假及其后在抚养孩子的方面上，没有国外大企业那种充分保障。CJ一位女性员工还表示现在韩国许多私有企业单位的组织文化与韩国2014年TVN电视台播放的《未生》电视剧中体现的许多上下级关系、男尊女卑问题几乎一致，所以该电视剧得到了许多韩国上班族的认同。

2. 腾讯及京东公司

　　腾讯及京东是近几年最受中国人欢迎的私有企业，几乎每人每天都会用到腾讯的"微信"及京东的网购。作者在访问两个企业时深刻体会到两个中国私有大企业的平等的上下级关系及男女平等的企业文化。

　　·语言的组织。由于中文本身除"您"外没有如韩语那样许多种类的敬语词，在员工们与上级交流的时候，语言的组织上未见障碍。

　　·开会的方式上，与韩国完全相反，腾讯及东京的会议室大部分都是透明玻璃材质的会议空间，从外面都能看到会议进行的内容。看到许多员工们自然地向上级表达自己的意见，员工们的许多意见也经常被采纳，并且员工们在会议上表达自己意见时没有看到举手的情况。

·饭聚文化上，腾讯和京东两位领导表示了如下共同意见：一般在特定时期或某一个项目结束时会与员工们下班后到外面聚餐，平时的午餐员工们都很随意，上级也不会强制下级一起吃，哪怕单位内有聚餐也可以带家里人一起吃，一般情况下以"第一轮"为结束，聚餐后不会有再回到单位继续工作的情况。

·两企业的女性领导较多，当访问腾讯公司时，采访的一位女性领导表示在腾讯领导阶层男女比例差距不大，虽然男性数量较多，但是男女比例为3：2左右，女性在升职的时候也不会受到任何的排斥，都是以工作能力作为升职判断标准。与腾讯相反，京东的男女领导比例为2：8，当访问京东时，在所属部门里仅看到一位男性领导，其他领导都为女性。

·在员工个人休息及女性员工产期的保障上，两家公司都很注重员工们的个人时间及女性的休息权。腾讯及京东单位内部有健身房和桑拿间，在办公时间都随时可以使用，在采访时确实亲眼看到了员工们在办公时间使用娱乐设施。甚至，京东公司为了保障员工们的子女教育，在京东总部专门为员工子女开设幼儿园，从而可以解除女性领导及女性员工在孩子教育问题上的担忧，同时可以减轻工作上的负担。

（二）韩中国有大企业的比较

江原道为韩国9个行政道（自治区）之一，① 又是2018年平

---

① 韩国9个道分别为：京畿道（경기도）、江原道（강원도）、忠清南道（충청남도）、忠清北道（충청북도）、庆尚北道（경상북도）、庆尚南道（경상남도）全罗南道（전라남도）、全罗北道（전라북도）、济州道（제주도）。

昌奥运会的举办地。在韩国每个行政自治道旗下都设有专门负责开发当地的国有企业。江原道开发公社作为韩国著名国有大企业之一，近几年主要负责平昌奥运会的相关项目。

中国建设第五工程局作为世界500强企业第27强中国建筑股份有限公司的全资子公司，与韩国江原道开发公社一样都是国有大企业，企业所负责的领域也相似，故认为两个公司有很大的可比性。

1. 韩国江原道开发公社

2016年11月16日韩国《财经新闻》报道称："韩国青年们毕业后最向往的就业单位是韩国国有企业。"[①] 但在如此受欢迎的国有大企业中依然可以发现较为垂直的上下级关系与员工升职上的"男尊女卑"的情况。

· 开会文化。江原道公司作为国有企业，其企业战略和目标与国家政策紧密相关，于是开会主要以"上命下服"的形式为主，虽然下级员工可以通过报告程序向上级领导表达自己的想法和意见，但是下级员工很难有机会向上级领导直接表达，并且上级领导也很少采纳。采访的时候，笔者深刻体会到了过去当兵时的部队沟通文化。

· "聚餐=上班的延续"。明确的上班时间，但无法预测的下班时间。由于国有企业的组织形态与政府机关类似，上班时间是要严守的，但是江原道开发公社的业务涉及与多个私有单位或其他政府组织的合作与联系，在下班之后会有许多饭聚、酒聚。对此许多员工表示此为办公的延续，而不

---

① 《韩国气象厅 vs 韩国未来部，谁能更误测未来？》，财经新闻，2016年11月19日，http://www.fnnews.com/news/201611181004340579，2016年11月24日。在此媒体报道称：第一想就业的单位为国有企业（31.4%），第二为外企（20.1%），第三为韩国私有大企业（17.3%），第四为公务员及教师（14.3%）。

是真正意义上的聚餐。但他们对此难以拒绝是因为这些聚餐或聚酒大部分都是上级领导组织的,对此的不参与可能给领导人带来"不忠诚"的印象。

·下级女性员工多,上级女性领导少。在该单位中,负责行政业务的员工以女性为主,男女比例大约为2:3,但是在管理阶层的领导男女比例为4:1,该单位的一位上级女性领导表示,由于女人除工作外还要承担更多的家务,并且在审理升职的时候,与同届的男性相比,有些女性因为产期等原因赶不上升职审期。她还提到韩国大部分公职岗位以男性为主,在许多企业领导人间会见时同性会更方便一些,并且男性与女性相比更能享受单位派遣教育机关学习、派遣海外培训等机会。

·对女性产后回到岗位的保障弱。由于国有企业比其他私有企业对人事岗位的调整更频繁,在实践中,韩国国有企业难以保障女性生育后原有的工作岗位,她们回来后都会受到人事调整。

2. 中国建设第五工程局

由于中国建设第五工程局位于中国广东省,该单位人员大多数来自中国南方地区,给单位的整体气氛带来了很多南方的温暖。不仅如此,在访谈过程中也能体会到单位内平等的上下级关系及男女平等的企业文化。

·在会议和交流上,该单位上级领导也表示许多国有企业的管理受国家政策影响,但与国家政策无关的内容,下级员工也可以积极向上级反馈意见,并且表达意见时不必重视形式上的报告程序。与韩国相反,该单位下级员工仅服从自己所属部门的上级,对其他部门的上级无须形式上的礼仪。

- 罕见聚餐、聚酒文化。除与其他单位通过晚餐的形式进行商业交流或庆祝该单位特殊的纪念日外，上级也不会以提高凝聚力为由举办多次的聚餐或聚酒文化，该单位的男性领导还表示自己也有家庭，也想下班后享受与家里人在一起的生活。下级员工也表示过多的内部聚餐反而会成为一种负担。

- 女性领导虽少，但女性的作用较大。该公司为建筑施工单位，许多工作需要领导人的现场视察并且要求体力，难以选拔女性领导。但是在处理行政业务上，员工们的男女比例差不多；并且如单位派遣海外教育培训、国内大学培训等机会都是通过单位内部考试竞争选拔，一位女性领导表示："由于女性性格细心，语言表达能力更顺畅，所以在实践中女性员工反而会享受这些机会，不会因女性生育而受影响。"

- 产后原有的工作岗位可以得到合理保障。中国同韩国国有企业一样会定期进行岗位调整，该单位的女性上级领导以自己亲身经验为例描述了如何进行合理保障。当初被访谈的女性领导怀孕时，其工作岗位是自己很喜欢的，并且下级员工也很愿意一起合作，单位对此进行了合理安排，让她最终得到了工作岗位的保障。

（三）韩中中小型企业的比较

韩国 Piki Cast 作为从事网络社区软件的公司，近几年在韩国受到了大众的欢迎，很多韩国青少年喜欢用此网络社区平台。中国 Tata UFO 为毕业于北京大学的韩国留学生在华创办的大学生社交平台 App 公司；值得一提的是，虽然该公司为韩国留学生创办，但在公司里他是唯一的韩国人。韩国的 Piki Cast 及中国的 TATA UFO 同为近几年在互联网行业迅速发展的中小型私有企业，加以比较有着较大探究意义。

1. 韩国 Piki Cast

在访问韩国 Piki Cast 的时候，该公司提到自己独特的企业组织文化，例如：员工以英文名字或昵称互称，不会提到企业内的职称。网络社区平台更注重员工的想象力和创造力，与韩国传统的企业观相反，更强调员工的自由和想象力。参观时，看到 Piki Cast 的员工们经常与上级开玩笑，在单位咖啡厅内自由展开讨论和交流，但垂直的上下级关系及"男尊女卑"意识依然可以看到。

- 与上级交流及开会时，虽然员工们积极发表自己的意见，但是上级对此有异见时，难以对此深一步展开讨论，并且由上级主持的会议气氛更沉重。
- 规定的工作时间及较大的工作量。该公司的上下班时间是固定的，但是很多时候工作量很大，难以保障员工下班后的个人时间和休息。
- 没有固定的饭聚文化。每个部门之间的饭聚频率不同，但上级组织的饭聚，下属员工难以拒绝。
- 女性领导较少。由于该公司为网络社区平台，以对外宣传业务为主，虽然在单位内部男女比例相同，但是在企业管理阶层上目前没有女性领导。
- 对女性员工没有明确的保障。由于该单位成立不久，在女性员工特定时期及怀孕时期的保障上没有以公司内部的规章形式规定，在单位里也没有为女性休息提供的独立设施。

2. 中国 TATA UFO

TATA UFO 作为社交平台 App 开发互联网公司，与 Piki Cast 一样，很重视员工的自由和想象力。但是，作为一个韩国领导人经营的中国企业，却难寻企业内部韩国组织文化的影子，笔者在访谈中发现该公司很少存在上下级和男女间的不平等。

第三部分 观念

· 在开会及表达意见上，该公司会定期举办"黑客马拉松"（hackathon）活动①来打破企业内部所有的上下级关系和男女关系。在集中开发项目时，哪怕是入职不到一个月的新员工也可以做项目开发者、担任领导的角色。无论在此期间还是平时工作中，员工与上级关系如朋友一样，互相自由地交流意见，许多形式上的礼仪都被打破。

· 无规定的工作时间。该公司没有明文规定上下班时间，只要自己的工作按时完成即可。所以员工们可以合理规划自己一周的安排，以此来保障个人的时间；同时在单位内有独立的休息空间，员工在办公时间可以随时在休息室睡觉。

· 自由的饭聚。由上级组织的饭聚极少，饭聚大部分都是员工之间的，没有强制要求，也没有二轮、三轮的逼迫。

· 男女比例均衡。不论员工还是上级，男女比例均衡，反而女性员工相比更多。该公司虽然没有以公司规章的形式来规定女性特定时期的休息，但员工向领导要求所需要的休假，领导对此会合理安排。

· 尊重员工的个性。该单位允许员工带家里的宠物到单位，允许与宠物一起办公，为了提高员工们的办公效率还单独设立了宠物休息空间。

（四）小结

通过访问韩中两国不同企业，可以发现，儒家思想中的"唯长是尊"及"男尊女卑"意识在两国企业内的不同体现。韩国企

---

① "黑客马拉松"概念源自美国，随着智能手机风行，"黑客马拉松"逐渐成为插件开发的主要形式：一群高手云集一堂，几十个小时里开发出一款插件，累了或坐或卧，现场休息，做完当场交作品，是"世界上最酷的开发者狂欢"。参见百度百科，http://baike.baidu.com/link?url=4PXpVt2wQDEKBoa3qENZOPKTkwscsrqyy8cRtoj2B-IMgAdDmUc9LKwa82IloL3WkDMnClPzXfk1aVIm8o9PB1yBsc6Ho4idECu8nY_YQBwTUDGYedLl_lC24Le9scwhZK0FlgUsN_HDI0O9_YH，2016年11月15日。

业的上下级关系与中国企业相比,相对垂直一些;中国企业的上下级关系与韩国企业相比,相对平等一些。韩国的企业组织文化近似于"兵营式"管理、军队内"上命下服"的垂直关系。在企业内的男女平等上,中国企业与韩国企业相比更平等一些,甚至在中国许多企业中女性起较大作用。

一个组织的上下级关系是垂直或水平并不等同于好或不好,垂直的组织文化和平等的组织文化各有利弊。在过去30年,韩国企业的部队式管理模式提高了企业管理上的效率,完成了短时间内的飞速发展,使韩国成为"亚洲四小龙"之一,实现了"汉江奇迹"。然而,以部队式的管理模式能否保障一个企业的可持续性是可质疑的。虽然韩中两国自古以来共同受儒家文化影响,但是,在两国企业中如此不同的体现,笔者认为,与韩中两国社会、政治、历史、语言组织及民族特性的不同紧密相关。

三 儒家文化在韩中企业中的体现

(一)上下级关系在韩中两国企业中的体现

韩中两国文化交流历史悠久。自春秋战国时期,韩国就接触了中国的儒家思想。在韩国的李朝时代,儒学被定为国教,形成了儒学化体制。传统的儒教思想在家庭中表现得极为明显,上下尊卑、尊老爱幼在儒家文化里根深蒂固。儒家文化视晚辈尊敬长辈为美德,是社会推崇的行为规范和价值观;家庭的长辈以其权威来治家,并成为受妻子和儿女尊敬效仿的典范。这种家长式的权威行为直接在韩国企业管理者的领导方式中得到了体现:企业领导者利用权威和表率作用来管理部下,下属尊敬并服从上级的领导;[1] 并且现在韩国许多企业中的高级领导,是在20世纪七八十

---

[1] 廉勇、李宝山:《文化差异在企业管理中的冲突和融合——韩中企业跨文化管理研究》,《贵州财经学院学报》2005年第2期。

年代军政府时期服过役的,军队作为上命下服的典型组织体系,对下级要求很高。在这种军政府时期成长起来的现任企业高官,在企业组织文化中依然会保留过去权威意识的影响。笔者认为,这种权威意识下的统治使韩国构成了集权领导方式,由此导致了一个企业内部的垂直的上下级关系。在这种集体主义背景下的企业文化,不太重视每个员工独特的存在价值,而把下级看成公司的附属品,某种程度上反映了儒家文化在韩国的负面影响。

垂直的上下级关系在企业中的体现是以中国传统的儒家文化为基础衍生出来的,中国经历了长期的封建社会,儒家文化一度成为中国传统的主流思想,广泛影响中国封建社会的社会发展。但是,中国过去封建社会的"官本位"思想,经过五四运动和"反孔批儒"运动的洗礼,尤其是自中华人民共和国成立以后受到了重大的冲击,现在的儒家文化在中国的地位已经远没有封建时期稳固了。虽然中国有些企业或特定组织体内上下级关系没有那么平等,但是,与以儒家思想为主流思想的韩国相比,中国企业内部的上下级关系相对平等一些。

(二)"男尊女卑"观念在韩中两国企业中的体现

韩国东国大学朴永焕教授认为:"'男尊女卑'观念的形成是儒家思想对东方人思维造成的最不良的影响。《论语·阳货》言:'唯女子与小人难养也,近之则不逊,远之则怨。'将'女子'与'小人'相提并论,贬低了女人的地位。历代儒家所推崇的经典中,不难看到'男尊女卑'的观点。如《礼记·郊特牲》云:'妇人,从人者也:幼从父兄,嫁从夫,夫死从子。'《仪礼·丧服》:'妇人有三从之义,无专用之道,故未嫁从父,既嫁从夫,夫死从子。故父者,子之天也;夫者,妻之天也。'《春秋·穀梁传》:'妇人在家制于父,既嫁制于夫,夫死从长子;妇人不专行,必有所也。'《白虎通·三纲六纪》:'妇者,服也,以礼屈服也。'这些是儒家经典中关于女人的定义,认为女性应该依附男性而生存，足见儒家对女性的鄙视。”①

近期的调查也表明，韩国社会男女不平等程度极其严重。2016年10月27日，瑞士非营利组织世界经济论坛（WEF）公布了《2016年全球性别差距报告》。世界经济论坛以世界144个国家和地区为对象，就经济参与和机遇、受教育程度、政治赋权、健康四个领域，为相关项目赋予数值后得出结果。北欧国家继续在男女平等方面占据领先地位。如果将男女完全平等视为100分，冰岛以87.4分居首位，随后依次为芬兰、挪威、瑞典、丹麦等国家。居于前5名的国家在近五年始终没有排名上的变化。在亚洲国家中，菲律宾近五年始终居首位，中国以67分位于第99名，日本以66分位于第111名，韩国以64分排在亚洲倒数第二（第116位）。② 详见图10－1：

Table5: Rankings by region, 2016

EAST ASIA AND THE PACIFIC

Country	Overall rank	Overall score
Philippines	7	0.786
New Zealand	9	0.781
Lao PDR	43	0.724
Australia	46	0.721
Singapore	55	0.712
Mongolia	58	0.705
Vietnam	65	0.700
Thailand	71	0.699
Indonesia	88	0.682
China	99	0.676
Brunei Darussalam	103	0.669
Malaysia	106	0.666
Japan	111	0.660
Cambodia	112	0.658
Korea, Rep.	116	0.649
Timor-Leste*	125	0.637

EASTERN EUROPE AND CENTRAL ASIA

Country	Overall rank	Overall score
Slovenia	8	0.786
Latvia	18	0.755
Estonia	22	0.747
Lithuania	25	0.744
Moldova	26	0.741
Belarus	30	0.737
Poland	38	0.727
Bulgaria	41	0.726
Serbia	48	0.720
Kazakhstan	51	0.718
Albania	62	0.704
Croatia	68	0.700
Ukraine	69	0.700
Macedonia, FYR	73	0.696
Russian Federation	75	0.691
Romania	76	0.690
Czech Republic	77	0.690
Kyrgyz Republic	81	0.687
Bosnia and Herzegovina*	83	0.685
Azerbaijan	86	0.684
Montenegro	89	0.681
Georgia	90	0.681
Tajikistan	93	0.679
Slovak Republic	94	0.679
Hungary	101	0.669
Armenia	102	0.669

LATIN AMERICA AND THE CARIBBEAN

Country	Overall rank	Overall score
Nicaragua	10	0.780
Bolivia	23	0.746
Cuba	27	0.740
Barbados	28	0.739
Costa Rica	32	0.736
Argentina	33	0.735
Bahamas	37	0.729
Colombia	39	0.727
Ecuador	40	0.726
Jamaica	42	0.724
Trinidad and Tobago	44	0.723
Panama	47	0.721
El Salvador	64	0.702
Mexico	66	0.700
Chile	70	0.699
Venezuela	74	0.694
Honduras	78	0.690
Brazil	79	0.687
Peru	80	0.687
Uruguay	91	0.681
Suriname	95	0.679
Paraguay	96	0.676
Dominican Republic	97	0.676
Belize	98	0.676
Guatemala	105	0.666

MIDDLE EAST AND NORTH AFRICA

Country	Overall rank	Overall score
Israel	49	0.719
Qatar	119	0.643
Algeria	120	0.642
United Arab Emirates	124	0.639
Tunisia	126	0.636
Kuwait	128	0.624
Mauritania	129	0.624
Turkey	130	0.623
Bahrain	131	0.615
Egypt	132	0.614
Oman	133	0.612
Jordan	134	0.603
Lebanon	135	0.598
Morocco	137	0.597
Iran, Islamic Rep.	139	0.587
Saudi Arabia	141	0.583
Syria	142	0.567
Yemen	144	0.516

图10－1　2016年全球性别差距报告

① ［韩］朴永焕：《反思韩国儒家文化的当代表现》，《浙江大学学报》（人文社会科学版）2010年第3期。

② “The Global Gender Gap Report 2016”, World Economic Forum, https: //www.weforum.org/reports/the-global-gender-gap-report-2016，2016年11月16日。

第三部分 观念

除中东和非洲等一些具有特殊情况的国家之外,韩国的排名处于最下游。韩国的贸易总量排在世界第 10 位左右,但妇女地位的排名仅排在第 116 位。需要关注的是自从 2008 年李明博的保守派政府上台后,韩国的排名每年都大幅下降,[1] 这在一定程度上反映出儒家文化气氛比较浓厚的保守派掌握政权的结果。韩国男尊女卑、男权至上的理念被极度强化,女性在政治、社会、经济等方面无权益较低。调查的数据也反映出这些问题的存在。如在"预期寿命"(Healthy Life Expectancy) 项目中,韩国女性排在世界第 1 位,在健康领域 (Health) 获得较高分,而议会、政府、企业董事会 (Political Empowerment) 等的参与率依然很低。这都与传统儒家思想中的"男尊女卑"意识有着密切关系。

中国与韩国的情况有所不同,中国是儒家文化的原产国,照理上述各方面的状况应表现得更为突出。然而,实际情况并没有韩国社会那样严重。究其原因,这与儒家文化在中国现当代遭受过两次大冲击有关。一次是 1911 年辛亥革命的爆发,接着有了新文化运动、五四运动等中国近现代思想解放运动。这些运动为了摆脱以儒家思想为核心的封建国家体制,都强调了反封建、反儒家、反礼教、反孔子、反保守的思潮。这些思潮皆影响到当时中国人的意识。尤其是新文化运动反对旧道德,提倡新道德,极力提倡男女平等、阶级平等,力图彻底否定儒家,打破传统观念。因此,中国在男女平等方面比韩国、日本进步得多。同时,女性进入社会的机会也增加了。第二次对儒家文化的冲击是 1949 年中华人民共和国成立以后,对包括儒家文化在内的封建思想和资产阶级思想进行大清理;不光对儒家文化,甚至对所有"四旧"都进行了最为彻底的打击。但在韩国,还从来没有机会对以儒家文化为中心的旧道德和旧观念进

---

[1] 韩国在 2006 年和 2007 年首次进行的这项调查中分别排在第 92 位和第 97 位,2008 年滑落至 108 位,2009 年又落到 115 位。

行过反思。①

四　结语

（一）韩国企业文化对中国的借鉴意义

韩国的单一民族、狭小国土与团结意识以及长期的军人政权，影响了韩国企业的上下级关系。韩国企业特别强调组织纪律，高权威、高排序意识，超长时间、超大强度的狂热工作精神，工作责任优于家庭责任，推崇能力、追求卓越、力争最好的"第一主义"原则，等等。② 在过去30年韩国经济的迅速发展引起了世人的关注，当探讨韩国经济腾飞的原因时，都不约而同地注意到韩国垂直上下级关系在管理企业中的作用。韩国的上命下服部队式组织管理模式适合于在短期内需要较大发展的部分中国企业，尤其是很多中国国有企业，企业决策往往都受政治制度影响，需要企业上级领导人的集体决策，此时单位内部会需要上命下服的意识。还有，韩国人曾经在垂直的上下级关系上形成的下班后饭聚、酒聚文化，某种意义上使韩国习惯形成了韩国独具特色的文化网络。在韩国许多公司的内幕都是通过下班后的饭聚或酒聚了解的，这样的活动一旦频繁，会产生一个工会，员工们会将时间和精力投入工会活动，这种非正式组织会成为一个文化网络。中国企业的员工不像韩国那样经常下班以后聚会，这就意味着工会的凝聚力也相对较低。工会是在单位内一个很好的非正式文化网络，因此以组织这些活动来促进员工之间的交流，可以帮助企业文化传播。这种非正式企业文化网络，有人认为，有助于

---

① ［韩］朴永焕：《反思韩国儒家文化的当代表现》，《浙江大学学报》（人文社会科学版）2010年第3期。

② 陈国喜：《韩中企业文化比较研究》，硕士学位论文，延边大学，2010年，第27—28页，转引自侯颖等《韩国企业文化分析——基于霍夫斯坦德文化分析模型》，《内蒙古科技与经济》2007年第1期。

缓解工作上的压力，促进上下级之间的感情，这一点对中国有着较大借鉴意义。

（二）中国企业文化对韩国的借鉴意义

韩国学者朴永焕先生认为："儒家文化重视家庭的观念对集体力量的团结方面有一定的积极作用，其负面影响便是有较强的排他性；在重视群体的融洽与和谐方面作用很大，其负面影响就是强调人的社会属性而忽视个人属性，这就对个人能力发挥方面造成一定的限制。"[1] 正如上文的访谈结果，中国企业比韩国更重视员工的个人生活，员工也有同样的意识，中国相对平等的上下级文化在企业管理中有助于为员工们提供发挥个人能力的空间，有助于推动创新和开发尖端新技术。访谈CJ的高管时，CJ男性领导表示："虽然韩国部队式管理在过去使韩国企业取得了飞速发展，但是部队式管理模式是否能够有助于一个企业的可持续发展是需要质疑的。在强调创新、创造的社会气氛上，也许平等的上下级关系更有助于一个企业的发展。"中国相对平等的组织文化对韩国是有较大借鉴意义的。韩国企业也许开始意识到了平等上下级关系的重要性，三星、乐天、CJ等韩国著名大企业在近几年对内部企业文化进行改革，不仅要废除等级制，还要到2020年年末将韩国大学毕业女职员人数增至目前的两倍。这些努力反映了打破垂直的上下级关系、缓和男女不平等的趋势，但是韩国由于传统儒家文化意识已深入骨髓，难以在短时间变化。

通过2016年联合国所颁布的《2016年世界幸福报告》[2] 与2016年瑞士非营利组织世界经济论坛（WEF）公布的《2016年全球性别差距报告》这两个报告中可以发现，一国的幸福与男女平等有较大的联系。虽然《2016年世界幸福报告》的统计分析中

---

[1] ［韩］朴永焕：《反思韩国儒家文化的当代表现》，《浙江大学学报》（人文社会科学版）2010年第3期。

[2] http://worldhappiness.report/，2016年11月20日。

没有男女平等的评分依据，但是两个报告中，在《2016年全球性别差距报告》中位置靠前的国家，都在《2016年世界幸福报告》中排在相对靠前的位置。此报告可以间接证明一国的男女平等与一国幸福的关联性。

《2016年世界幸福报告》中韩国的幸福指数以5.835分位于第58名，中国以5.245分位于第83名，虽然与《2016年全球性别差距报告》中的结果相反，但是在《2016年全球性别差距报告》中前50的国家在《2016年世界幸福报告》的前50中大多会出现。相反，女性地位较低的国家往往在世界幸福排行中排在后面。笔者认为，社会上的男女平等水平与一个国家的幸福程度是有一定关联的。中国的企业文化同韩国相比，少有"男尊女卑"的意识，反而女性在企业中发挥着较大作用，这一点对韩国有着较大借鉴意义。

孔子的时代有孔子的思想，各个朝代有各个朝代的思想。在过去自称"东方礼仪之国"的韩国，应该如当代中国一般对儒家文化有所取舍。当然，儒家思想之于韩国社会的主流作用是积极的，但是，在现代社会中，儒家文化的负面影响是需要韩国人对此进行反思、改变的。在这一点上也许韩国可以参考儒家文化原产国中国的企业的做法。

11 共同的挑战：中国大学生和韩国大学生怎么看待性别问题？

殷茗琪 孟知殷[*]

近年来，在中国、韩国的社交媒体上对于"性别议题"讨论频繁，引发了两极化的争议。例如在中国，举报性骚扰、性暴力案件的推送时不时出现在大学生群体的朋友圈中，有些同学坚决支持，有些同学却认为，这些"女性受害人""女权主义"的主张存在漏洞、不可信服；在韩国，"女权主义"话题更是敏感且带着负面形象，例如讲述一位平凡女性在生活中所遇困境的小说《82年生的金智英》，被大量男性网民批评。因此，我们非常好奇，身边的朋友或多或少表达出了"支持性别平等"的价值观，为什么在谈论实际社会议题时意见差别如此之大？这一代年轻人成长在一个性别平等环境改进的时代，他们对社会是否有足够全面的认识？这是否有助于解决性别问题？

带着这些疑问，我们决定关注大学生在恋爱关系中的性别认知，即：大学生情侣在相处中，男孩女孩是否平等、尊重地看待对方？如果是的话，他们又是如何看待社会中的性别议题的？一

---

[*] 殷茗琪（中国台湾），清华大学新闻与传播学院2016级本科、2020级硕士，现创办并运营清小新文创工作室；孟知殷，清华大学经管学院2018级本科生，现就职于美团组织发展战略岗。

11 共同的挑战:中国大学生和韩国大学生怎么看待性别问题?

位男孩对待女朋友足够尊重,是否意味着他在未来发展中对其他女性也会如此,并支持女权主义运动?中国青年和韩国青年在这些方面的表现有什么不同?

我们采取问卷调查的形式,调查当今中、韩大学生的性别观念,以及性别观念对认识社会现实的影响。同时,我们也对中韩社会讨论性别议题时的不同语境做了简单的梳理。

一 我们怎么看待性别问题

《中华人民共和国宪法》第四十八条明确写道:中华人民共和国妇女在政治的、经济的、文化的、社会的和家庭的生活等各方面享有同男子平等的权利。国家保护妇女的权利和利益,实行男女同工同酬,培养和选拔妇女干部。2012年11月,中国共产党第十八次全国代表大会中,首次将男女平等作为基本国策写入报告;同样,大韩民国《宪法》在第十一条写道"所有国民在法律面前人人平等。所有国民均不因性别、宗教、社会地位而在政治、经济、社会、文化生活方面所有领域受到差别";国际社会上,《联合国宪章》《世界人权宣言》等文件中都明确提到性别平等的重要性。由此可见,性别平等是现代社会公认的重要价值观。

然而在实际生活中,不同文化和经济背景的社会对性别平等的实践仍然没有达成共识。中国和韩国都是典型的东亚国家,有着根深蒂固的儒家文化传统、宗法社会历史和强烈的男性主义传统。在中国传统社会中,儒家伦理道德的基本原则是"三纲",其中包括"妻子应服从丈夫"的思想。尽管性别平等运动在中国已经有一个世纪的历史,许多人仍然持有"男主外、女主内"这样陈规定型的性别角色观念,尤其是在性别教育相对落后的农村生活的居民、年纪较大的人群等中,性别不平等的整体框架难以在短期内动摇。

随着人们生活水平的提高，原有社会分工蕴含的不公平结构逐渐体现，女性的认知水平逐渐提高，亚洲各地区的女权主义运动兴起并融入世界女权主义运动的浪潮；性别研究和女性主义理论不断发展，形成了不同流派，涉及的话题也更加广泛，从早期的"妇女解放"，关注受教育权、性侵害案件处理、就业、媒体形象与话语权，到更全面地打破性别框架、保护性少数群体和弱势群体。

然而，近年来"女权主义污名化"现象逐渐凸显。一旦社会事件涉及"性别"争议，就会出现围绕"性别对立""女权""田园女权"等网络词语的抨击与争吵，这体现出网民对当代女权主义的怀疑、分裂与不满。广大网友认为，自身支持的是"性别平等"，并没有主观地、刻意地去压迫女性，也感受不到所谓"性别不平等"的情况。在他们眼中，女权主义者们鼓吹的是女性特权，是极端和"恶臭"的，是大惊小怪的；反倒是男性，承担着更重、更疲累的社会压力。但实际上，这恰恰说明了大众对于真正的社会弱势群体与压迫的认识有限。人们没有认识到，女权主义本质上是对政治经济话语权的挑战，是挑战既得利益者、争取实现真正人人平等的运动。既得利益者，无论是经济上更优越的，还是认为"性别"从未影响过个人意志的人，忽略的是无数被当作客体的、保持沉默的、经济劣势的、就业遇到障碍的、生命安全被威胁的、努力被否定的、诉求被无视的广大女性。

那么当代青年对女权主义的态度如何？互联网的争议能有效地反映人群普遍的想法吗？在异性关系中，大学生是如何看待性别角色和期望的？受过良好教育的青年是否理解性别平等的重要性，并意识到不平等的现实？基于"性别平等还未达成"的前提，我们决定研究"青年群体对女权主义的态度认知"，因为一个人的青年时代认知往往会形成影响其一生的世界观，对未来性别平等运动的发展有重要影响。希望通过我们的研究和梳理，能够帮助更多人对中国、韩国当代青年对性别问题的看法有更全面的认识，更好地推动两国的女权主义运动，使女权主义者更好地理解广大群众，调整沟通与宣传策略，有效地帮助打破不平等的性别结构，促进性别平等。另外，我们采集的样本是中韩的大学生，是社会普遍认为"接受良好教育的青年"，包括中国的清华大学，韩国的首尔大学、延世大学及高丽大学。这些年轻人普遍受到社交媒体的影响，且有可能成为在公共领域发挥重要作用的意见领袖。

我们将研究范围设定在描述大学生男女亲密关系（即恋爱关系）中的性别意识形态，其中分为两个部分，一是性别角色，主要是相处中的分工以及对未来规划的分工，例如，"你是否认为男朋友比起女朋友更需要买单？""女朋友比起男朋友更需要做些家务事？""在未来规划中支持妻子的职业发展？""认同丈夫应是一家之主？"二是性别气质，例如"女朋友最好温柔贤惠？""男朋友不能倾诉太多压力？"之后，被采访者需要填写对一系列社会现状的认同程度，例如"是否认为当今社会男女'同工不同酬'现象依然存在？""相较于男性，更多女性为了家庭而牺牲个人发展？"这些社会现状都是基于现有权威数据，是真实存在的，因此，认同度越高，越说明个体对社会现状有明确的认识。

二 来来来，我们来科普一下！

（一）什么是性别意识形态（Gender ideology）？

意识形态是指一种观念的集合。18 世纪法国哲学家特拉西创造了"意识形态"这一概念，试图为一切观念的产生提供一个真正科学的哲学基础，属于哲学认识论的范畴。马克思提出了现代意识形态的理论。他认为，意识形态是一种社会意识，本质上是既得利益者、统治阶级的社会意识。结合本研究的语境，我们将

"性别意识形态"定义为个体对性别的观念集合，也是每个个体面对不同生理性别、社会性别时所表现出来的价值体系。这样的价值体系能在一定程度上反映出一个群体的普遍意识。

我们从两个角度衡量一个人的性别意识形态：行为和态度。行为主要包含面对工作领域、家庭领域和其他日常生活中的性别角色分工；态度则侧重于人们对性别气质的期待。

（二）什么是性别角色（Gender role）？

性别的概念可以被大致划分为生物学意义上的生理性别（Sex）和社会文化建构的社会性别（Gender）。法国作家波伏娃在1949年出版的《第二性》中写道："女人不是天生的，而是后天形成的"，首先提出社会建构对性别的影响。在随后的几十年中，心理学家、女性主义学者、社会学家对"社会性别"的概念做出多方面的阐释。1975年美国人类学家盖尔·鲁宾在《女人交易：性的"政治经济学"初探》中首次提出了性/性别系统的概念。"性/性别系统是社会将生物的'性'转化为人类活动产物的一套组织"[1]。人们往往从经济的视角讨论社会分工与性别认同，将性别系统与经济制度混为一谈，弱化了过程中产生的压迫。作者强调"性/性别系统"不是隶属于经济制度，而是与经济政治制度密切相关的、有自身运作机制的一种人类社会制度。

本文中，我们将性别角色具象化为特定行为系统，即"男性""女性"应该承担的责任和分工。认为这种基于社会性别的分工是固定且理所当然的，例如在家庭结构中，家务劳动、照顾孩子的责任由女性承担，赚钱、决策由男性承担，就是典型的"传统"性别角色观念体现。

（三）什么是性别气质（Gender temperament）？

基于社会性别的概念，人们对不同个体展现出的心理特征

---

[1] A "sex/gender system" is the set of arrangements by which a society transforms biological sexuality into products of human activity.

和行为倾向有一种期待，这种特征和倾向被认为是不同的性别气质。这种性别气质往往带着刻板印象，例如人们期待的男性气质和女性气质，往往对应的是阳刚气质（Masculinity）和阴柔气质（Femininity）。再具体一些，在社交场合，人们会根据视觉信息（例如面部、头发、衣着打扮）来判断你是不是足够"像个男生""像个女生"。

不同的性别气质可能在不同的自然和社会环境中形成，在不同时期有不同的具体内涵和表现形式。本研究中将性别气质的概念应用在青年人恋爱关系中，分别表现在外在、生活习惯和性行为。传统的性别气质观念，往往认为"男生样""女生样"是固定的形象。

三　之前的研究

（一）性别不平等的现状

"性别不平等"这个研究前提，不仅基于抽象的社会共识，更是基于联合国各单位、各国政府等权威机构发布的数据和调研报告。其中，世界经济论坛发布的《2020年全球性别差距报告》备受关注。报告中显示，韩国社会中男性年平均工资是女性的两倍以上，高等教育参与度比女性高出22%，在法律、政治和经济的高管/领导阶层，女性的占比仅仅有12.3%。由此可见，现今韩国社会的重要岗位仍然属于男性群体。那么，女性群体为什么会处于经济生产中的不利地位呢？报告中也给出了线索：女性从事无报酬工作（Unpaid Work）的平均时长为男性的4.71倍。也就是说，传统的家庭分工将无报酬的内务工作分配给女性，是女性在社会活动中处于弱势的一个因素。

为说明中国的状况，我们参考了全国妇联和国家统计局在2011年发布的《第三期中国妇女社会地位调查》，调查包括健康、教育、经济、社会保障、政治、婚姻家庭、生活方式、法律权益和认知、性别观念和态度九个方面。从中可以明显地看到，在1990—2010年的二十年间，女性的生活质量虽然有一定提升，但是仍需承担更多的劳动时间，仍存在遭遇性骚扰、忍受家庭暴力等现象。在高层人才所在单位中，20.6%存在"只招男性或同等条件下优先招用男性"的情况；30.8%存在"同等条件下男性晋升比女性快"的情况；47.0%存在"在技术要求高、有发展前途的岗位上男性比女性多"的情况。

那么，人们对性别不平等的认识如何呢？报告显示，59.5%的人认为目前中国男女两性的社会地位差不多，33.7%认为男性地位比女性更高，3.4%认为女性的地位更高。对"女人的能力不比男人差"和"男人也应该主动承担家务劳动"的说法，分别有83.5%和88.6%表示认同。有86.7%的人赞同"男女平等不会自然而然实现，需要积极推动"。由此可见，从十年前的数据中，我们仍可以发现，中国社会在性别平等上还有很多需要努力的空间，以及妇女本身对自己所处的弱势地位认识有限。这份报告对我们设计问卷提供了重要的参考。

（二）从多角度看性别意识形态

以往关于性别意识形态的研究主要集中在特定领域，包括影视文学作品的分析、某群体的社会性别意识和家庭关系中的性别意识形态。在影视文学作品中，大多利用文本分析或内容分析的方法，例如对经典文学作品《简爱》《女仆的故事》，影视剧《人民的名义》，甚至教科书内容中的性别意识形态做探讨。群体的社会性别意识研究，包括聚焦中国农村人群、某城市妇女群体、女大学生群体等，探讨他们对社会性别、性别角色压迫的认识程度。大量文献集中在家庭关系和家庭结构的分析，例如巴尼特的《性别与工作经历和心理困扰之间的关系：双职工夫妇研究》（1993）和King的《性别意识形态：对双职工夫妇角色紧张、婚姻满意度和生活满意度的影响》（2005）等文献聚焦于双职工夫妇，另有研究对妇女家庭地位进行探讨，例如《已婚妇女社会性别意识和家庭地位状况调查》（2007）等。

除此之外，许多文献从心理学的角度探讨亲密关系、儿童成长过程中的性别影响。他们遵循亲密过程模型、性别自我社会化模型等理论框架，探讨性别角色带来的影响因素，例如《性别发展的自我社会化模式》（2007）、《亲密关系中的性别角色态度，关系效度以及自我表露》（2017）。

侧重于学生群体研究的《女大学生性别角色、性别观念与大学适应的关系》（2013）、《高校学生男女平等价值取向及其群体差异——基于北京市13所高校调研数据的分析》（2015）中的性别观念量表对我们设计问卷提供了很大的帮助。研究显示，一般情况下，受教育程度与先进性别观念的认同程度呈正相关，男生比女生更认同传统性别角色分工。作者总结道："象牙塔中的生活往往使得高校学生与社会现实存在一定的隔膜，他们对性别问题的思考也难免与实际脱节。"

四 我们的研究

（一）数据收集与采样

我们在中国（清华大学）和韩国（首尔大学、延世大学、高丽大学）分别用中文、韩文发放了线上问卷，受访者的年龄都控制在20岁左右。中文问卷共268人填写，其中47%是男生，53%是女生，男女比例比较平衡。韩文问卷数量较少，仅供讨论分析时进行参考，并未进行量化处理。

中文问卷中，50.37%的填写者来自人文社科专业，45.9%来自理工科专业，3.73%来自生医化类专业，该比例与清华大学的专业人数比例是不符合的，明显有较多的人文社科学生填写了该线上问卷。可能的原因是我们采取"滚雪球"的方式转发链接来收集样本，而笔者都是人文社科的学生，所以搜集了较多的人文社科学生数据，也有可能是因为人文社科的学生对"性别议题"更关注，且更乐于填写该问卷。

（二）测量指标

我们主要参考了《第三期中国妇女社会地位调查》的内容来设计问卷指标。问卷主要分成两个部分，第一部分是"性别意识形态"，全部采用李克特量表，也就是对题干中的陈述的1—5数据分别表示从"非常不认同"到"认同"，分数越高，则代表该性别观念越传统；分数越低，则代表该性别观念越趋近平等。

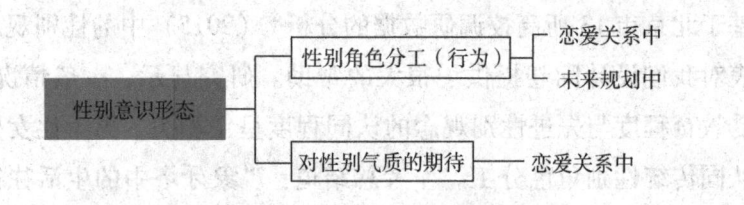

图 11-1　性别意识形态及其具体指标

性别角色分工，主要表现在对经济状况、个人发展、劳务分工中男女角色的观点，例如"出去玩的时候男生应该分摊更多钱""女性干得好不如嫁得好""女生应该承担主要的家务劳动"；对性别气质的期待，包括"女生要会打扮、会保养""男生要有男子气概""女生性需求不能展现出来，要害羞一点"等。

第二部分是"对现实情况的认知"，大部分也是采用李克特量表，测量受访者对题干中陈述的认同程度，以判断他们的认知情况。分数越高，则代表对性别不平等的现状越了解，分数越低，则代表对社会现实的认识越贫乏。对现象的认识，陈述包括"这个社会上男人赚得比女人多""挣钱养家比干家务活辛苦"等；对女权运动的态度，表现在"应该要积极推动性别平等"等陈述中。感受到的性别压力，是通过选择题"你认为在现有框架下,哪个性别压力更大?"主要是了解大家感受到的性别压力,了解不同性别的大学生们,是否能与对方的感受共情。

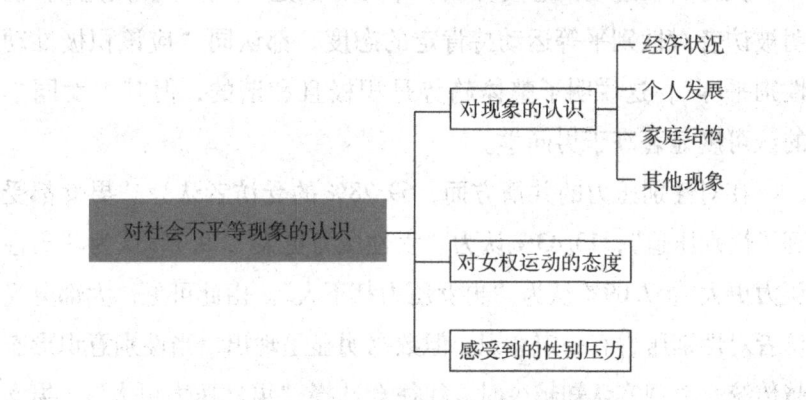

图 11-2 对现实情况的认知及其具体指标

（三）数据分析的结果

整体而言,清华大学学生的性别意识形态分数为 2.08,中位数是 2.06（最大值为 5）,说明受访者在亲密关系中的性别观念普遍趋向平等。进一步分析的话,我们可以看到约 7% 的同学分数大于等于 3,说明他们持有更传统的性别观念,其中大部分为男同学（17 名男性,3 名女性）。并且从各方面数据来看,男同学的分数显著高于女同学。另外值得注意的是,"恋爱中对性别气质的期待"相关的陈述中,"女性要会打扮、会保养"和"男生不能娘,要有男子汉气概"这两项获得同学们的认同度较高,说明了很多同学在性别角色分工角度支持平等,但对性别的刻板印象仍然较为顽固。

对社会现实的认知方面,受访者的平均分数为 3.98,中位数是 4,表明了受访者对性别不平等的现状有较好的认知。同样的,其中约 8.5% 的同学分数低于或等于 3,说明他们不认为性别不平等现象的存在。另外,"相较于男性,更多女性为家庭而放弃个人发展"这一陈述反映出的性别差异较显著,虽然同学们普遍认可这一现象的存在,但男同学对该现象严重性的认知显著低于女同学的想法。

在对女权运动的态度方面，平均分数是4.5，中位数是5，说明被访者对性别平等运动持肯定的态度，都认同"应该积极推动性别平等"，这说明了整体趋势是积极且和谐的，但其中女同学的认可度显著高于男同学。

在对性别压力的共情方面，69.78%的受访者认为"男女都受到了性别压迫"，13.43%认为"女性压力更大"，9.7%认为"男性压力更大"，7.09%认为"男女压力都不大"。由此可见，大部分受访者对性别压力有一定意识，但数据明显呈现出，当性别意识形态越传统、对现实认知越少时，往往会选择"男性压力更大""男女压力都不大"。相反，持有更公平的性别意识形态、对现实认识越多时，往往会认为"女性压力更大""男女都受性别压迫"。

接下来，我们将"性别意识形态的组成因素"当作自变量，"对社会现实的认知"当作因变量，分析两者之间的关系。我们发现，"性别角色分工"在大学恋爱关系中趋向平等，对个体关注女权主义、理解性别不平等没有什么影响，可能的原因在于大学恋爱关系中的经济行为、互动不多；但当"性别角色分工"涉及未来规划时，互动关系与经济、职业、家庭的规划紧密相关，其分数与大学生对现实的认知呈显著的负相关，且互为显著的负面影响因素。也就是说，在进行未来规划时，对性别分工越传统，该个体对现实的认识也越贫乏。

"性别气质"方面，分数与大学生对现实的认知呈显著负相关，但不互为影响因素。也就是说，在恋爱中持有性别刻板印象，对伴侣有传统的"气质要求"的个体对现实的认识往往更贫乏。

（四）结论

总体来说，受访者普遍对性别平等持积极的态度，也对性别不平等的社会现实有较好认识。但乐观的趋势可能受到受访者的性别组成、专业背景影响。另外，从中也有一定比例的同学，仍

11 共同的挑战:中国大学生和韩国大学生怎么看待性别问题?

持有非常传统的性别观念,以及缺少对现实的认识。其中,男同学在性别意识形态方面比女同学更传统,对性别不平等的认识也更贫乏。男同学在对性别平等运动推动方面,以及对性别压迫的共情能力上,也显著低于女同学。

大学生恋爱关系的性别角色往往不会有太显著的差异,但涉及未来规划时,一个人对性别不平等的观点会影响其与伴侣的角色分工;恋爱关系中对性别气质的期待,也与该个体对性别不平等的观点紧密相关。也就是说,如果伴侣对性别议题不屑一顾、了解不深或者忽略其严重性,这可能说明伴侣在长久发展中会以传统的家庭结构、劳务分工来处理关系。这样的人往往也对性别气质有更传统的要求,例如认为男生必须有阳刚气质、女生要温柔体贴等。

所以,如果伴侣表示自己支持平等,但实际上否认社会不平等现象的存在,那可能说明他/她其实对性别气质会有一定传统要求,以及谈婚论嫁时,也会对未来的性别角色分工更倾向传统的方式。

五 人人说

在探讨中韩青年对性别平等的看法时,需要留意两国的不同语境。我们基于与中韩青年的日常相处和采访,梳理了较为热门的话题。

(一) 政策与法律

韩国的行政机关"女性家族部"前身是 1998 年设置的总统直属女性特别委员会,2010 年改组为现在的"女性家族部",主要负责女性政策的制定与管理、家庭暴力与性虐待的防止及受害者的保护等。然而,该机关曾引发很多社会争议,例如为了扩大预算而编造统计数据、撰写引起争议的性别指南、提倡网络监管、未有效帮助性骚扰案件受害者等，许多韩国民众对该部门抱持很强的不满情绪。

根据韩国女性政策研究院的研究，女性低收入劳动者群体在总体低收入人群的占比，约为男性低收入劳动者占比的两倍，因此最低工资政策对于女性低收入群体的影响比对男性低收入群体的影响更大。然而，虽然政策大环境支持男女平等，提出了很多关于维护女性劳动者权益的政策和研究，也做出了很多关于缩小男女平均收入差异的努力，但很多性别歧视的现象仍然存在于就业市场，影响着女性劳动者的收入情况。

此外，韩国2019年出台《禁止职场欺凌法》，明文禁止用人单位利用优势地位，给予员工身体、精神和情绪上的痛苦，其中也包括职场性骚扰行为，试图保障女性从业者和所有职场新人的权益。有些单位认为，该规则模糊不清，担心规则被恶意利用，效果也有待观察，但该法的颁布的确是一大进步。

韩国在2005年以前是只允许随父姓的，并且维持户主制度。但2005年修订的《家庭法》中指明，在结婚登记时如果同意能遵从母姓，那孩子就可以跟母姓。同时也以个人身份登记制度，替代了原本的户主制度，给予国民自由选择的空间，不再被"家"束缚。虽然在现实生活上大多数的家庭仍在按照习惯遵守继承父姓，但这项法律至少为随"母姓"提供了法律保障。

（二）教育

1. 中韩青少年性教育现状

据《韩国先驱报》报道，韩国的孩子从小学开始每年需要接受15小时的性教育课程，教育内容涉及恋爱、结婚、生子等过程。然而，据《卫报》报道①，韩国教育部2015年耗资6亿韩元

---

① Benjamin Haas, "Blatantly sexist": backlas against South Korea's sex education, The Guardian, 2018年12月, https://amp.theguardian.com/world/2018/dec/28/south-koreas-sexist-sex-education。

制定的学生性教育指南却"公然性别歧视",很多内容与事实不符,是畸形的性教育。比如高中生的性教育指南中写道:"女性只能与特定的一名男性发生性关系,但男性会对多个女性产生兴趣并发生性行为。""男性花钱约会,自然默认要从女性身上寻求相对应的补偿,包括女性可能不情愿的性行为""女性要漂亮,男性要有钱""异性学生不可独处""如果女性在地铁或公交上遭到性骚扰,可以假装不小心地踩对方一脚"。韩国教育部的官员回应,指南的撰写是从善意出发的,社会批评存在一定误解。

《中华人民共和国人口与计划生育法》中规定,"学校应当在学生中,以符合受教育者特征的适当方式,有计划地开展生理卫生教育、青春期教育或者性健康教育"。然而根据《南方周末》的报道,"没有课时"是中国性教育共同面对的问题,你我在成长过程中都难以从课堂中对性、性别有足够的了解;更亟须改变的,是社会普遍对"性"闭口不谈的态度,家长甚至对性教育书籍投诉。可见,中国在性教育领域还有非常大的提升空间。性教育不仅是生理教育,更应该涵盖:关系,价值观、权利和文化,社会性别,暴力和安全保障;健康与福祉技能,人体与发育,性与性行为,性与生殖健康等。只有从教育开始改变,才能让人们对自我、对彼此有更好的认识,促进社会的和谐安定。

2. 韩国教育机构在保障女性权益方面的努力

以首尔大学为例,学校设立"人权中心"(SNU HUMAN RIGHTS CENTER),其中包含性骚扰与性侵害防治委员会,此举给学生建立了一个安全的学习环境。然而,二十多岁的青年往往无法了解女性未来可能会面对的弱势,仅看到女性在大学期间的优秀表现,就将男青年自身遭遇的不顺归结于"女性获得优惠"上。例如弘益大学 2014 年投票决定废弃"总女学生会",许多男学生对女学生休息室等女性专用空间表达质疑。

(三)兵役问题

韩国对男性实行征兵制,正常情况下,所有 20—28 岁的男性公民需按兵种规定服役，陆军为18个月，海军为20个月，空军为22个月。服役生活艰苦，训练强度较高，且男青年在进行求学、就业规划时需考虑兵役影响，因此社会普遍对此"充满怨言"。

这也成为韩国社会讨论女权问题时的一大争议：对男性征兵，名义上将个体差异扁平化为群体"生理差异"，认为女性不适合保家卫国，深化了男性为"保护者"、女性为"被保护者"的形象；同时，男性认为女性享受着不用服兵役的特权，将对征兵制度、国家军事安全问题的不满，撒气在"女性不用当兵"上，造成性别对立。同时，军队生活往往提倡男性阳刚气质，除了对男青年产生压迫，该氛围更是难以让青年们对社会弱势、性别不平等现象产生共情，多从男性主体的角度看待社会。

韩国KBS电视台针对"女性是否应该承担国防义务"进行舆论调查，52.8%的参与者认为女性应该服兵役，35.4%表示反对；赞成女性服役的人数中66.3%为男性，66.7%的人正在服役；主张改为志愿兵役制的人数为61.5%，28.8%的参与者反对。若真的采取女性征兵制，如何保障女兵免受性骚扰，避免职场歧视，顾及生理需求，这些问题在社会中都还未解决，在军队中或成为更棘手的问题，有待解决。

中国采取志愿兵役制，但对女性从军在岗位和职级上都有所限制。例如《2020年全军面向社会公开招考文职人员公告》中50.22%的岗位要求男性报考，仅4.21%的岗位要求女性报考。文职助理、医疗工作、炊事员等岗位都仅限男生；战斗兵种方面，军队院校女性名额少，录取分数线高。

自2019年起，韩国将废除从警校录取男女警察的制度，计划在一年内将女警所占比例从10.8%扩大到15%，并将军队中女干部所占比例从5.5%扩大到8.8%，海洋女警所占比例从11.3%扩大到14.4%。

除了军队女性人数外，女性公务员和公共机关女性职员的比例也是韩国关注的焦点。根据韩国行政安全部公开的人事统计，截至2022年底，韩国243个地方自治团体的女性公务员人数为15.25万人。这占全体公务员的49.4%，比2021年的48.1%增加了1.3个百分点，是韩国历史最高数值。①

时任韩国女性家族部长官郑英爱说："提高女性政治力量是谋求平衡和包容的政策决定的重要因素。过去4年来，由于各部门之间的密切合作和积极实施努力，政策成果从中央扩散到了地方"。同时也强调："韩国公共部门高级职位的性别均衡水平与经济合作与发展组织（OECD）主要国家相比仍然很低，未来需继续扩大公共部门中的女性参与率，努力使其成果扩散到私营组织。"②

（四）文学、影视、娱乐

近年来，韩国的影视作品因敢于触碰社会阴暗面、表达现实题材而备受国际关注。其中多部作品涉及"性别问题"，引发社会争议。例如根据小说改编的电影《82年生的金智英》描述一位1982年出生的韩国平凡妇女，在成长过程中面对来自家庭、学校、工作环境各种性别框架时的困境和心路历程。例如选择专业时，相较于个人兴趣，女性更容易被推荐读"轻松、方便照顾孩子"的师范专业；女性在工作中面临"玻璃天花板"，无法参加长期的重要项目；由于结婚生育及家庭经济问题，不得不辞职，还被议论为"命真好的妈虫"；家庭主妇的繁重工作被社会忽略，还认为理所当然……这部电影的内容引发了现象级的讨论与共鸣，却被大批从未阅读过该电影原著的韩国男青年大肆批判、恶意评分，甚至连推荐这部小说、电影的名人都不得不忍受网民的批评和辱骂。电影《老妇人》讲述老年女性被性侵的话题，同样

---

① 报社：시사IN；记者：이종태；题名：《여성 공무원 비율, 역대 최고치인 49.4%》；网页，https：//www.sisain.co.kr/news/articleView.html? idxno = 50665#google_ vignette。

② 报社：뉴스1；记者：전준우；题名：《문정부 여성 고위직 10% 조기달성…공공부분여비율 늘었다》；网页，https：//n.news.naver.com/article/421/0005982110? sid = 102。

遭恶意抵制，由此可见，比起抵制犯罪、帮助弱势群体，社会仍然害怕"揭开伤疤"。

当代韩国社会对外表有一定模式的审美追求。据《纽约时报》报道，"韩国拥有世界上最高的人均整容手术率，而且这个数字还在不断上升。它还成了整容手术旅游的一个目的地"。社会达成了共识，外在打扮、精致的妆容和姣好的面容才是"礼"的表现。因此，男女都为外表费尽心思，尤其是大学中女性若未化妆上课，会被认为"是否身体不舒服"。

2018年韩国发起"逃离束身衣"（Escape the Corset）活动，一群曾经爱好美妆的女性扔掉化妆品、剪去头发，想摆脱外貌焦虑和社会对女性的单一标准，节省在外貌上付出的巨大金钱成本、时间成本和精力。将购买化妆品的钱省下，为了"得体"提前化妆打扮的时间省下，拒绝"被物化"，不因为身材、皮肤、五官而自卑，回归自己最美好自信的状态，这需要很大的勇气。这也是当今全世界女性反抗外貌焦虑的共同目标。

韩国流行文化（K pop）的国际影响力不断提升，唱跳偶像（Idol）备受欢迎。其中，男性偶像的形象呈现阴柔特质，皮肤白皙、妆容精致、举止优雅，被认为是当代观众审美的变化，某种程度上似乎是人们对性别观念的一大突破；然而，反观女性偶像的形象，即使女性"帅气飒爽"的形象颇受欢迎，但在衣着、表现上仍以性感裸露为主，尤其是小型企划公司要求女偶像直播时有意"走光"以博取眼球，公众主体持续以"男性凝视"来看待女性偶像。另外，男性偶像占有广告优势，进入传统女性代言领域，涉及化妆、家居、厨卫等，女性偶像却难以进入汽车、男性护肤品、手表等传统男性代言领域。娱乐产业中性别的差异，值得女性主义研究者关注。

（五）媒体与社会热点

韩国家庭妇女研究所在2019年8月和11月从26个地区和机

11 共同的挑战:中国大学生和韩国大学生怎么看待性别问题?

构中选择了249张企业宣传视频和图像,发现了多起性别歧视案例。其中,男性多被描述为高管、科学家形象,女性则为服务人员和公司秘书,不断在媒体形象中加深这种刻板印象;同时,广告中女性留长发和穿短裙,男性则表现出领导形象,穿着衬衫,戴领带。另外,2018年DMZ TRAIL RUNNING的马拉松比赛的宣传海报中仅出现三名男性马拉松运动员,2019年则调整为女性、男性和外国人,增加了多样性。该报告希望提倡社会注重媒体、宣传材料上的多样性表达,消除刻板印象,促进性别平等的环境构建。

社交媒体推特上的#MeToo运动是2006年由纽约社会活动家塔拉纳·伯克(Tarana Burke)发起的,目的在于鼓励性骚扰、性侵害的受害者勇敢讲述个人经历、举报犯罪者。2017年该活动在好莱坞演艺圈掀起巨大风浪,引发世界各国在社交媒体上的公众运动,从娱乐业蔓延到政界、学界、企业界,不计其数的受害者在推特上讲述自己遭受性侵的故事,然而,性骚扰相关案件往往难以举证,许多国家少有处理相关案件的合理流程,韩国部分民众对#MeToo表示怀疑。该活动旨在推翻权利不对等产生的加害、犯罪行为,呼吁完善制度和消除公众偏见,却演变成男女性别对立的议题,话题性被违法者滥用。

N号房案件,是指犯罪团体通过社交平台Telegram建立多个秘密聊天房间,将被威胁的女性(包括未成年人)作为性奴役的对象,非法拍摄并传播性视频和照片的案件。嫌犯从2018年开始,冒充警察威逼利诱受害者们拍摄裸照,再用这些照片威胁受害者,进一步拍摄性剥削画面并供会员收费观看。截至2020年3月22日,韩国警方所掌握线索的受害女性多达74人,其中16人为未成年人,最小年龄受害者为年仅11岁的小学生。2020年11月26日,韩国首尔中央地方法院对赵主彬进行一审宣判,判处其40年有期徒刑。

该案件性质恶劣,且有公职人员涉案,引起社会公愤。2020

年3月24日，警方对虚拟货币交易所搜查，称拿到约2000件交易明细，据估计，非法视频传播和持有者约6万人。这个案件表明韩国社会防止性犯罪的机制并不完善，媒体报道的不专业也为社会争议"添油加醋"。

韩国女权线上社区 Megalia（메갈리아）成立于2015年，该组织宗旨是"提高女性权利，消除韩国社会普遍存在的厌女症"。然而，该组织的言论和行为引起广泛争议，被称为"女超网站""极端""邪教"。该社区有意彰显对男性的性别偏见及"厌男"行为，对男性进行偷拍、成员提倡堕胎男婴等。支持者认为，这样的行为不过就是"复制了"男性在社会中对女性实施的行为，反对者则对该组织表达痛恨，认为是"极端伪女权"。同时，该社区会通过贩售周边商品营利，例如写有"女人不需要一位王子"的T恤衫、"女性能做一切事"的手机壳，使用者购买后发至社交媒体上，却因 Megalia 的负面形象遭网友指责、公司辞退。

韩国的偷拍问题、杀害女性的暴力案件的确屡见不鲜，在社交网站上的极端言论，不论是"厌男"还是"厌女"，都增强了性别的对立和仇视。

六 结语

对女权主义产生兴趣，不仅因为笔者自身的女性身份，也因为社会不断进步，让笔者在成长、接受教育、探索广阔世界的同时，对身边的社会议题保持好奇的心态，并试图探索背后的原因。本研究的初衷是对中韩大学生的性别意识形态做评估，试图理解当代青年间的争议，尤其是通过社交平台放大的冲突矛盾。然而由于条件限制，没能对数量过少的韩方数据进行量化分析，不过，对中国学生的数据进行的处理，帮助我们理解了一个事实：同学中有比较极端的，对男女关系抱持着传统的态度，对性别不平等的事实不认可也不相信。当然,在这些不符合"性别平等"价值观的行为出现时无须大惊小怪,要改变大众的认知是一个漫长、辛苦的过程。在自我心态上尽量调整,行为上专注做更好的自己,面对不舒适的男女关系、对女权价值的否定等,坚定自己的信念,才能在未来更长远的道路上发挥作用,为营造更和谐的社会环境做出一些贡献。

同时,本文梳理了一些韩国性别议题的社会背景,主要来自新闻信息、社交平台讨论以及与和韩国朋友们的交流等,希望能尽量客观地呈现韩国的性别文化,帮助大家讨论和理解。作为青年人还有很多知识需要学习,还有很多社会问题在等待我们去探讨与解决。

12 屋檐下的变革：什么塑造了中韩两国年轻人的家庭观？

邓艺婧 龙新力 张 一[*]

本文旨在探寻中韩年轻人形成家庭观时的影响因素。我们对清华大学的 6 名中国学生和 6 名韩国学生进行了半结构访谈，问题的中心是他们如何构想自己未来的家庭。我们发现，原生家庭在形塑学生的家庭观念中起到了首要的作用；经济预期、社会因素以及女性主义思潮同样产生了影响。

一 研究背景

当代中国正面临着剧变。这也带来了家庭矛盾的加深与家庭冲突的增多。具体说有三种主要矛盾。

其一，代际矛盾。高等教育的普及使代际知识水平差异比历史上任何时期都大，年轻人的独立意识强烈，希望摆脱父母的支配；而父母可能还习惯于传统的亲子关系，最传统的观念认为，"孩子是父母的财产"，孩子对父母的任何忤逆都会被认为是不孝。因此，新旧价值观的龃龉使代际冲突非常常见。

其二，夫妻矛盾。由于妇女在职场上越发活跃，女性的社会

---

[*] 邓艺婧，清华大学法学院 2017 级本科生；龙新力，清华大学新闻与传播学院 2017 级本科生，现任职于中国国际金融股份有限公司；张一，清华大学外文系 2017 级本科生，现于互联网行业工作。

经济地位提高，女性家庭地位也随之提高。女性的自我意识觉醒，不再满足于被动服从。如果一对夫妻不能及时调整他们之间的关系，往往就会出现家庭不和。

其三，和姻亲的关系也是重要的家庭矛盾产生点之一，尤其是婆媳关系。

以上所有冲突都使得家庭关系面临激化甚至恶化，导致家庭不稳定，甚至使家庭成员的精神健康受到影响。

今日的大学生很快就要成为婚育的主力军，他们的家庭观对未来的中国和韩国的新生儿出生率和社会结构都会有很大影响。现在的大学生都在想什么？更重要的是，他们为何这样想？

二　研究问题

我们将家庭结构主要限定在家庭范围和话语权上。家庭范围指的是家庭成员的数量以及核心家庭（父母与孩子）与延伸家庭的关系，话语权指的是在家庭决策中不同性别和代际的权力分配。基于此，我们提出两个研究问题：

问题一：这一代年轻人想要什么样的家庭结构？为什么？

问题二：年轻人对未来的预期和他们的理想状况是否有不同？造成不同的原因是什么？

三　文献综述

（一）中国的家庭结构

1. 家庭范围

自2000年起，中国的核心家庭比例开始显著下降，同时单人家庭占比大幅上升，三代家庭的比例也不降反升。如果更进一步考察，城市家庭结构与农村家庭结构也有所不同。城市人群并不将家庭作为劳动单位，农村则相反。城市家庭往往更小，晚婚少育也是城市家庭的特征。城市中，夫妻往往自主组建家庭，偶尔让他们的父母搬进来照顾孩子。

2. 家庭话语权

中国的家庭结构传统上严格且等级分明，长辈必须受到尊重和服从。这一道德也延续至今。此外，典型的夫妻关系可以总结为"男主外、女主内"。丈夫负责家庭的社交并挣钱养家糊口，妻子带孩子、做家务。因此，丈夫对家庭的重要事务往往更有发言权，例如家庭财政和社会关系，而妻子就负责剩下的次要事务，例如家庭旅游计划和孩子的教育。如果双方父母介入，家庭关系往往会变得更加复杂，代沟也会随之显现。婚姻与父母需要消耗大量精力去平衡，尤其是女性。

进入21世纪后，女性获得了更多的话语权。社会上出现了全职丈夫，也就是说由女性负责养家糊口。生孩子也不是必要的事了。虽然如此，鉴于收入差距与传统观念依旧存在，中国与真正的男女平等还有距离。

3. 对变化的可能解释

（1）经济增长

在当代中国，旧有的家庭结构稳定性受到挑战。随着经济增长，许多年轻熟练工人被吸引到繁荣地区的大城市工作。由此产生的家庭分隔带来了许多问题，因此，家庭成员间的联系较以往更为松散。

（2）计划生育

1979年，中国政府实施了独生子女政策。在此政策之下，绝大多数夫妻只允许生一个孩子。计划生育引发了一场观念革命，不仅那个年代的父母受到了影响，而且在这个政策影响下出生的孩子也在心态上受到影响。随着生育率的急剧下降，独生子女家庭越来越常见，这或许预示着大家庭的消逝与新型家庭结构的诞生。

（二）韩国的家庭结构

1. 家庭范围

传统上，韩国的理想家庭结构和中国一样，是父系家庭，其中通常包括两代家庭。核心的家庭关系不在于夫妻之间，而在于亲子之间，尤其是父子之间。

然而在过去的十年间，韩国的单人家庭数量逐渐升高。据韩国国家统计局（Statistics Korea）统计，1990年韩国单人家庭占所有家庭总数的9%，到了2013年这一数字升至26%。单身族的增多带来了晚婚甚至不婚主义。

2. 话语权

在家庭决策中，韩国家庭是由父亲主导的且是专制的。家庭成员基于等级互动，而不是出于合作。在今日韩国，整个家庭几乎都参与到教育决策中，而子女在婚恋和择业中更偏向自主决定而不是咨询家庭成员。

两性之间仍然具有巨大差异。男性往往被允许选择做自己喜欢的事情，韩国父母也更偏向他们的儿子而不是女儿。在家庭决策中，儿子也更受尊重和信任。

3. 对变化的可能解释

（1）经济增长

韩国花了三十年才赶上西方发达国家的经济、政治和社会水平，韩国的家庭结构也随之发展变化。20世纪90年代的经济危机从根基上促成了家庭结构的改变。

（2）社会运动

在货币危机前，大多数韩国人对单身妈妈、中年离婚、跨种族婚姻和晚婚晚育都是没有概念的。然而，跨种族婚姻突破了禁忌，使韩国突然不得不迎接多元文化社会的到来。曾经，传统的成家思路是流行的：在大家都结婚的时候结婚，在想生孩子的时候生孩子。但是被货币危机破坏的家庭财政让所有计划和梦想延后了。如今，人们都专注于提升自我过上好日子，而不是养育家庭、承担责任。人们从来没有这么晚结婚，韩国的生育率也降到了全球最后几名。

（三）两国比较

儒家文化的浸染让两国的传统家庭结构非常相似。有趣的是，近几十年来两国也经历了相似的社会变革，不过，这些变革背后的原因有所不同。

第一，中国的社会主义意识形态在促进性别平权上起了很大作用。中国家庭将每个人都看作劳动者，并不强调以男性为主导的家庭决策。

第二，计划生育不仅影响了中国的家庭范围，而且减弱了儿女之间可能存在的不平等。而韩国的家庭往往育有多个子女，话语权的分配依旧作用明显。

第三，韩国的约会文化更为盛行发达。对韩国年轻人来说，约会时不考虑婚姻是非常正常的事情。这也导致其对婚姻的抗拒——如果不结婚就能做任何夫妻做的事情，那为什么还要结婚？这个也极大地影响了结婚率。

四 研究方法

我们进行了一系列半结构式访谈，只在问题清单中准备了访谈的主题。每一位研究者各采访了 2 名中国和 3 名韩国的清华大学在读本科生，每次访谈持续 20—40 分钟。访谈完成后，我们总共获得了 6 名中国学生和 6 名韩国学生的相关信息。

五 研究结果

（一）原生家庭

当年轻人在构思自己的理想家庭时，他们通常会回溯自己的家庭记忆以作参考。

1. 父母关系

每个人都有不同的经历和故事，对自己成长的家庭也有着不同的记忆。不管这份记忆是爱还是痛，"家"毕竟还是我们生活中最亲近的地方。在家里度过的童年所带来的影响会持续到我们所组建的新家庭和未来的下一代。

原生家庭是每个人理解自我的基石。家庭塑造了每个人的性格，也影响着人际关系、情绪管理的能力和对人与人之间情感互动的理解。甚至在恋爱关系中，人们也会不自觉地受到原生家庭背景的影响。而婚姻关系中的许多问题也是衍生自原生家庭。人们在过去所遭受的心理创伤会在他们的亲密关系中浮现出来，过去的不满足也会在现在加倍。

父母的关系是原生家庭中最重要的一部分。对于绝大多数人来说，父母是婚姻关系的第一个榜样。年轻人可能会将他们自己的家庭关系视为一种"遗产"。如果他或她的父母过着和睦的生活，他或她就会相应地产生模仿父母的生活方式的想法。

通过访谈，我们发现原生家庭是否完整以及家庭成员之间的关系是否和睦，对年轻人的未来家庭观念有着重大的影响。5号和8号的父母离异，受此影响，5号和8号对结婚和生育并没有强烈的欲望和信心。他们认为，婚姻并不是生活中的必要组成部分。

同时，被离异父母抚养大的切身经历也会让年轻人不愿意离婚。4号是在重组家庭中出生的，她的父亲与前妻有四个孩子，后来又与她母亲离婚了。她对她后来成为敌人的父母感到非常抱歉，也正因此，她不希望她自己的孩子经历自己曾经经历过的事情。

但对于大部分在完整家庭中长大的年轻人来说，他们认为，一旦孩子成年，离婚就与孩子无关了。2号认为，孩子长到18岁后，离婚就不是什么大事。1号甚至表示，当孩子年满15岁后，他就不会在考虑离婚的时候考虑孩子，因为孩子在那个年纪已经

第三部分 观念

足以适应家庭的变故,而他本人也一直和父母并不亲近。

尽管6号的父母没有离婚,他们的关系却一直不和睦。6号说,这样的生活带给她很多痛苦。目睹了婚姻关系中的不稳定因素,她认为,结婚和抚养小孩都不是一件容易的事,人们不得不为家庭做出牺牲。父母的无助有时也会暴露在孩子面前,这会让孩子以及配偶感到非常愧疚,双方都受到困扰。因此,这样的年轻人对家庭的态度相对消极,在父母的影响下他们既不相信父母,也不相信他们自己。

11号的父母都忙于自己的工作,彼此之间的关系并不亲密。同时,她的父母都有一个非常大的家族,和家族中的其他亲属有很多来往。一提到逐个拜访亲属的记忆,11号表示自己再也不愿意花那么多的时间处理这样的亲戚关系,这成为她不愿意结婚的主要原因。"我只是想和那个特定的人一起生活,也只信任那个特定的人,但婚姻却意味着你要把你自己和另外一整个家庭连接起来。我觉得这是不可控的,你永远不知道你会在对方的家庭里遇到什么样的人。"

10号也承认自己想结婚的倾向很大程度受到父母关系的影响。"我出生在一个相比起其他人算是非常好的家庭里。我不觉得这样的生活方式有什么问题,我自己从中也收获了很多。"

父母对家庭的看法也会影响到孩子。受访者经常谈到未来是否要和父母一起居住的问题。出人意料的是,几乎每一位受访者都说他们的父母并不想在老了之后跟他们一起住,因为他们有自己的生活。6号说作为独生子,他已经习惯了独居,而他的父母也对传宗接代没有强烈的欲望。因此,他的父母愿意尊重他自己关于是否要结婚和抚养孩子的决定。

父母在家庭中的分工方式也会影响到年轻人的看法。大部分受访者成长的家庭中都是母亲负责日常事务,父亲在经济决策上有更大的话语权。但是,他们关于未来家庭的分工却有着不同的想法。

9号不愿意负责经济问题上的决策,有趣的是,她现在的男朋友和她的想法是一样的。其原因是他们两人都认为经济问题太重要了,不确定自己能不能胜任。9号说:"我真的不愿意做一个这么重大的决定然后对它承担所有的责任。"年轻人在意识到经济决策对家庭的重要性的同时,也清楚地知道这份话语权伴生的责任。

相似的,10号和12号也希望和他们的伴侣一起做决定。"我们可以在做饭、打扫卫生或者其他事情上分工,但我认为让一个人独自对经济决定负责不是一件明智的事。"12号说。

2. 与家庭其他成员的关系

如果一个人成长在父母和祖父母住在一起的家庭中,他或她会更能接受组建新家庭后和长辈一起居住。9号和10号都是父母和祖父母一起养大的,因此,他们也愿意以后和父母一起住。

2号成长在每个亲戚都和自己的核心家庭一起居住的环境里,因此,她坚决拒绝和父母一起居住。她有一个至今仍独居但也被家人接受的姨妈,因此她认为,在遇到那个对的人之前保持独身并没有什么大不了的。

手足之间的关系也扮演了一个重要的角色。但手足之间的分工只在非独生子女的受访者处被提及,且也仅涉及赡养父母的分工。

3号希望自己的女儿承担更多赡养父母的责任,也从不指望自己的弟弟去赡养父母。"我的父母并不相信我弟弟,因为他不够成熟。"3号决定未来回到韩国照顾她的母亲,让自己的弟弟可以在韩国以外的地方做他想做的事情。

但对于1号来说就不是这样的。1号希望未来能和他的姐姐共同分担赡养父母的责任,这可能出于他和姐姐之间相对更独立和平等的关系。

手足关系也会影响到关于孩子的决定。1号未来想要一个女儿和一个儿子,因为他和自己的姐姐相处融洽。他并不在乎女儿和儿子哪一个更大,因为"如果女儿更大,儿子可以学会如何和人交流;相反的话,儿子可以学会如何照顾他人"。

3. 家庭中的重大事件

对于两个国家的受访者来说,家庭中曾经发生的重大事件都会影响到他们对未来家庭的构想。3号成长在单亲家庭中,在她10岁时父亲过世了,她的母亲不得不重返工作,而她和弟弟则前往中国上中学。根据自己的经历,3号想要成为那个赚钱养家的人,让她的丈夫留在家里照顾孩子和家务。同时,尽管她也想要一个儿子和一个女儿,她并不指望一个哥哥来照顾妹妹。

(二)经济状况预期

对未来经济状况的预期对年轻人来说是一个影响较大的因素。一些年轻人说,实现理想生活目标的最大障碍是经济条件。有些人认为,他们无法在社会中获得较高的地位或薪资,因此,他们希望有一个家庭可以依靠并愿意成为全职家庭主妇/夫。"如果保姆太贵无法负担,有人待在家里就可以解决问题了。具体谁留下将由谁赚得更多、贡献更多来决定。"(2号)

11号表示,婚姻就像金钱一样,是确保稳定生活的一种方式。如果经济状况不够理想,将来可能会选择结婚。"如果我不能有足够的能力养活自己,我就必须放弃更多去选择结婚,因为婚姻可以确保更稳定的生活。"另一方面,3号对她将来的薪水和养家糊口的能力充满信心,因此希望可以嫁给一位"家庭主夫"。"如果从清华大学毕业,第一年就可以赚到400万韩元。3—5年后就可以获得600万韩元的年薪。如果有博士学位,则可以每年获得800万韩元。并且,我计划硕士毕业,在研发部门工作。"

在养育子女的问题上,金钱的问题更加敏感。4号在估计未来收入时非常保守。"我认为我可能无法赚很多钱,难以进入韩国的上流阶层,也许只能成为中产阶级。如果挣不了多少钱,就很难在韩国抚养一个孩子。"因此,她只想要一个孩子。

10号说,他不会为了孩子放弃自己的事业,否则他负担不起养育孩子的费用。为了解决这个问题,他想让他的父母帮助抚养孩子,以便他有时间发展自己的事业。12号谈到了抚养孩子需要巨额费用,尤其是在大城市。"除非我足够有钱,否则我不会考虑生孩子。否则,这对孩子是不负责任的。"

(三)社会问题

女学生中普遍存在对保姆不信任的问题。3号、4号都不放心让保姆照顾孩子。如上所述,3号希望丈夫在家养育孩子。4号表示,即使她想在30岁之前有自己的事业,她也准备在必要时为了孩子而选择待在家里,因为她看到过许多不好的新闻,她很担心"保姆会虐待儿童"。

媒体对于学生起到了"涵化"的作用,流行文化则起到了镜子的作用。1号不想与未来的妻子建立过于狂热的关系,他认为,喜欢在微信朋友圈和微博中秀恩爱的情侣或夫妻最终都会分手。"这些人应该是无法感受到足够的安全感,才会通过发布这些东西来营造一种被爱的感觉。"其他人则说,他们对伴侣的情感忠诚没有期望或信心,因此他们不太愿意结婚。

受访者还表示,如果不结婚,未来的社会关系会受到一些负面的影响。12号对未来的社会压力表达了担忧:"我本人对结婚或单身没有明显的偏好,我都可以接受。"但她担心的是,在当今社会中,绝大多数人选择结婚。"如果你发现所有朋友都选择与家人共度时光,而没有时间和你一起外出,会让人十分悲伤。"在她的理解里,不结婚的人仍然是少数。步入中年后,如果自己没有家庭,周围的每个人却都有家庭,日常生活内容便会完全不同,那么在日常的交往中也会遇到很大的困难。但是,这种担忧不是由不结婚本身引起的,而是由社会背景引起的。核心问题是,现在整个社交系统都是建立在婚姻之上的,如果选择不结婚，就必将面临许多不便。

（四）女权主义

近年，女权主义运动在东亚起到了越来越大的作用。中国人和韩国人在对女权主义的反应方面表现出重大差异。总体而言，无论身在何处，韩国女学生都会对家庭结构中的女权主义观念做出更积极的反应。在女性受访者中，所有人都承认她们或多或少受过女权主义的影响。4号强烈批判韩国的"厌男主义"，并称其为"坏女权主义"。3号愿意为家庭牺牲自己，因为她相信"真爱就是双方都需要放弃某些事"。

11号称自己为女权主义者，目标是"打破社会偏见，即女性只有结婚才能拥有美好的生活"。那些愿意结婚的人也认为，婚姻应该对双方都有利，而不是成为男性的特权。甚至一些男性受访者都受到了女权主义的影响。10号认为，找到合适的人结婚越来越困难。"人们越来越注重自己的个人权利，不想轻易改变自己。"但是，他对此表示赞赏："我认为让更多的人知道如何追求幸福的生活是一件好事。"

参考文献

Feng, Xiao-Tian, Poston, Dudley & Wang, Xiao-Tao, "China's One-child Policy and the Changing Family", *Journal of Comparative Family Studies* (Winter, 2014), pp. 17–29.

Ok Kyung Yang, "The Quality of Life in Korea: Comparative and Dynamic Perspectives", *Social Indicators Research*, Vol. 62/63, (Apr., 2003), pp. 121–148.

Sangyoub Park, "A silent revolution in the Korean family", *Boundaries and Unstable States*, Vol. 14, No. 2 (2015), pp. 77–79.

Settles, Barbara, Sheng, Xuewen, Yuan, Zang, Zhao, Jia, The One-Child Policy and Its Impact on Chinese Families. XV World Congress of Sociology, Brisbane, Australia, July, 7–13, 2002.

13 冰火两重：中国学生对韩情感温度中的性别差异

李闫涛[*]

自 1992 年正式建交以来，中韩两国人民开始了多个层面的交往。无论是在经济市场中的比较优势互补还是日常的文化与生活交流，两国之间的互动从信息技术到文化工业，覆盖了多个领域。然而，舆论环境中对韩国的态度表现出截然不同的两个特点。一方面，近年来形成的时尚文化——"韩流"，以强大的影响力作用于中国年轻群体，将韩国社会的生活习惯渐次传递到中国社会；另一方面，出于地缘政治等多种原因，两国之间民族主义情绪的对抗使一些中国人对韩国形成了相当强的负面情绪。随着文化交流的不断深入与近年来国际政治环境的零和发展趋势，这两种情绪在中国的公共网络空间中越发常见，甚至出现同一个人在不同场合中分别表达这两种情绪的极端情况，这让我们难以沿用传统民意调查中常用的"喜欢"和"不喜欢"这种基于绝对化情感因素的单一价值判断。但无论是国际政治议题还是社会文化议题，民意调查都是不可或缺的一部分。

为了更好地还原民众的认知情况并将这一指标量化以期比

---

[*] 李闫涛，清华大学新闻与传播学院 2016 级本科生。

较，以往的研究者采用"情感温度"的衡量方式。情感温度通常用于确定个人情绪基于心理学视角的感受强度，也可以用作反映个人偏好的指标。虽然说每个人对自己的情感判断有不同的标准，但是，通过设置一个共同的坐标系作为参考，研究人员可以避免个人主观情感对价值判断的影响。

一　综述

本文拟就中国大学生对韩国情感温度中的性别差异展开调研。学界已经认识到，中国青年群体中男性与女性对韩国有着不同的态度，具体表现为多个方面，例如中国女学生接触韩国文化的时间早于同龄的男性学生；在韩国节目与其他文化产品中所展示出来的生活习惯与美学观念为更多青年女性所效仿。而对于男性，韩国电子竞技领域是众所周知的。许多中国年轻男性喜欢模仿韩国明星的着装风格和妆容，而他们中的另一部分则鄙视这种女性化风格。不过，争议更多集中于政治领域。研究表明，中国男性的民族热情较女性明显更高，对政治性议题，男性的表达欲望与参与意愿也高于女性，这一事实背后虽然有复杂的身份建构因素，但仍然足以说明性别差异在分析国民态度时所发挥的影响力，这种显著性关联需要单独进行探讨。在中国学术界，人们把这个问题看作是一种理所当然的经验法则，只是将其归因于男女关注的差异。但是，随着时代的发展，中国男女的性别定型观念已经部分放松。自2017年以来，在中国社交媒体上引起争议的"小鲜肉"问题就充分反映了这种变化。因此，笔者将重新统计中国学生对韩国的情感温度，在分析过程中重点关注性别造成的差异，并寻求合理的解释。

二 研究计划

(一) 情感温度衡量指标

无法忽视的是,情绪的个人化与混合化让整个问题更为复杂,即使使用情感温度工具也难以正确地衡量中国年轻人对韩国的综合态度。为了解决这一问题,我们决定通过引入一组指标、将情感温度分解为五个维度以相对精准地衡量这一问题,这五项指标的内容如下:

时尚文化(PC):具体指对韩国文化产品与时尚内容的关注与喜好程度,例如时尚音乐、电子竞技、妆容风潮等。近年来,韩国的时尚产业在全世界范围内都有较强的影响,根据前期的调研结果表明,这一部分在中国社会中所收获的关注度通常也相当高。文化产品发挥着超越传统认识的复杂作用,已然成为国家制度的重要组成部分,因此在具体分类时,我们将文化这一指标单独罗列。

传统文化(TC):具体指韩国的传统节日、社会生活习惯、文化遗产等内容,例如韩服、食品文化、江陵端午祭等。传统文化共包含两个方面,一个是出于政治背景与历史关联形成的与中国相似的文化传统;另一个则是因地理与独立政权等原因形成的独具特色的韩国文化。不同于时尚文化的先锋性,传统文化在对应的年龄层上存在一定不同,在民众的认识中也有较大的不同。

经济关系与商业信誉(ER):具体指商品质量、售后服务、企业公信力等,例如进口商品质量、在华韩国企业的服务质量等。多年来,中国一直是韩国最大的贸易伙伴,两国在包括农业、轻工业、重工业乃至服务业等多个领域都有十分密切的合作，两国经济结构互补，也具有较为丰富的合作空间。但因政治环境的影响，两国的经贸互动十分不稳定，如由于"萨德"问题，中国市场对韩国乐天企业展开了全面的抵制。商业与法律法规原因偶会引发社会事件。例如三星公司因技术与售后服务问题，短短数年间便丧失了中国的智能手机市场份额。

政治信任与政治认识（PR）：具体为民族关系、外交互动、政治互信等内容。首先，中韩两国的历史关系十分复杂：古代两国交往密切，日本帝国主义在亚洲的扩张，使两国民众均沦为殖民主义的受害者，第二次世界大战格局、中国解放战争和抗美援朝引起的亚洲政治局势之变化，使中国与韩国在随后的四十年中都处于敌对状态，直到1992年两国才正式建交。此后中韩政治关系仍然受到第三方国家的影响，两国外交关系转折频繁，中国民众对韩国的信任程度也因此受到影响。近年来随着国内政治新闻行业的发展，韩国内部的政治局势与体制机制逐步为中国民众所知，这也影响了民众对韩国的整体认识角度。

国家安全（NS）：主要包括军事威胁、地区和平议题等。由于地区内长期存在不稳定因素，两国民众对国家安全问题都高度关注，无论是两国因大陆架、防空识别区等争议话题所产生的直接冲突，还是因朝核问题、美国驻军问题所形成的间接冲突，都是两国之间无法忽视的重要问题。在讨论两国民众对对方的认知之时，这一点自然难以回避。不同于政治信任，国家安全问题更具敏感性与严肃性，覆盖面也往往更加广泛，因而，在此处将之与政治问题分为两项处理。

我们之所以采取这种分类方式，一方面基于类似研究中曾出现过的分类方式，另一方面也参考了社会学的相关理论与认识框架。社会学者韦伯、马克思都强调经济、政治和民族文化在社会关系形成中所发挥的重要作用，这一立场为后来的社会学流派所继承。文化作为一个单独的衡量维度，地位较过去更为重要。从葛兰西、阿多诺的文化批判理论到福柯、列斐伏尔的日常生活批判，文化要素日益作为社会思想构成的核心之一得到学者的重视。基于这一考虑，在本研究的指标设计时，我们将文化要素作为单独的变量，同政治、经济具有相同的权重。当然，这种分组方法仍然可能具有主观判断的嫌疑，为避免个人影响，我们将在数据收集过程中对其进行一定程度的修改。调查的每个指标的范围是 -100—100，0表示中立，100表示完全依赖或信任，-100 则表示绝对仇恨或完全不信任。通过要求随机的学生填写调查表、用数字表示自身的情感趋向并标记性别，我们可以借此收集有关研究的基本数据。在前期规划中，预期的样本数为200人。为简化数据并为问题建立更简洁的模型，我们将对获得的五种数据进行标准差计算。最终的情感温度（FE）$=\sigma$；$x_i = \{PC, TC, ER, PR, NS\}$；$\mu = (\sum X_i)/N$；具体公式如下：

$$\sigma = \sqrt{\frac{1}{N}\sum_{i=1}^{N}(x_i - \mu)^2}$$

（二）对研究问题的补充说明

如何使用已经获得的数据？我们的数据与意图解决的问题之间有什么联系？当然，此时我们并不知道结果如何，根据以前的研究，我们想找出一些与人们传统上对性别差异的理解相反的东西。因此，我们为研究增加了一些相关问题，并希望通过数据分析与解读更好地认识这些问题背后的逻辑关联：

以上调查项目中影响情感温度的主要内容是什么？对这五个方面来说，我们认为，它们每项对结果的影响力不同，对此我们将通过使用数学工具，筛选出对结果影响最大的要素并简要分析。

在有关韩国的话题中，男性和女性主要关注的话题分别是什么？综合来看，性别导致的差异具体是什么？通过回答这一问题，我们将证明抑或证伪以前的假设。

我们的结果与人们对性别话题的偏见情况之间有什么区别？例如，以前对女性的政治兴趣的理解在今天可能不再那么合适，传统认识所形成的偏见也同样影响着在制定研究方案时的我们。因此，对这一问题的解答，能够帮助我们对两者之间的差异有所了解，同时能够有效地打破固有成见的困扰。

三　问卷设计

我们的研究问卷包括 7 个用中文写作并要求用中文回答的简短问题，其中 4 个用以收集被调查者信息（具体包括以下四项：国籍、性别、年龄和所属大学）。这是一份在线问卷，通过中国流行的社交软件微信进行传播并扩散。我们曾经考虑过是否需要借助韩国主流的聊天软件 KakaoTalk，但鉴于这一工具在中国学生的社交圈中使用频率较低，最后仍选择以微信为主。为了避免原始效应的影响并减轻大量数据带来的压力，我们将使用较为简单的数字简化评估过程。问卷中出现的具体问题如下：

·国籍，共包含两个可选项：中国及其他。本研究的主要针对群体是中国学生，但我们也会参考问卷中国际学生的答案，因此用本题进行分组。

·性别，共包含三个可选项：男、女及其他。这一信息是本次研究关注的重点之一，因而在此专门设题。此外，近年来中国大学生的性别观念逐渐变化，我们也预留其他选项供部分群体参考。

·年龄，本题共包含五个选项：生于2000年后、生于1990—2000年、生于1980—1990年、生于1970—1980年和生于1970年前。就大学生群体而言，大多数本科生及研究生年龄分布集中于1990年之后，这也是我们的目标群体。尽管我们希望关注年轻人，但仍有年长者无意中加入了在线问卷的可能。为避免这种情况，我们提供了一些"形式选项"，当有人选择这些选项时，将不会显示余下问题，数据更为简洁。

·所属大学或毕业自哪所大学。这一问题要求被采访者自行将其所在大学的中文全称填写进文字框内。在发放问卷时，我们会尝试将问卷发放至除本校在内的其他高校，以减少集群效应可能产生的同质化影响。

·根据个人喜好程度对以下国家进行评分。本题共提供五个选项：美国、俄罗斯、日本、英国和韩国。判断一个人对一个国家的态度需要一种比较研究的方法，以部分排除短期情绪波动的影响。因此，我们决定使用此问题来精确计算以上数据，并借此衡量个人喜好这一带有强烈个别性的问题的指标。

·以下是可能导致被调查者个人偏爱"韩国"的因素的列表，要求受访者根据第一印象为每个项目选择最合适的编号（在矩阵滑块中选择，如前文所述，从 -100—100）。情感温度有五个维度——流行文化（在问卷中，我们使用"流行

第三部分 观念

时尚"这一词语替代)、传统文化、经济关系和商业声誉、政治声誉和国家安全。

・在上一个问题中,您认为这五个项目中的哪一个对受访者判断影响最大?当在判断韩国的善意与否时,您最关注的是什么?本题需要对这五个项目进行排序,并根据个人想法选择它们,并同样在矩阵滑块中进行选择。

四 研究过程与初步分析

这份调查问卷发放于 2018 年 12 月 1 日,在随后的一周里,我们借助人际关系进行传播,最终回收 168 份问卷,所有问卷的数据均有效。本问卷的第一批填写者均来自调查人员的私人社交网络,随后又借助二次或三次传播获得了更为广泛的样本。我们最初计划收集 200 份问卷,但由于时间限制及一些其他的原因,我们仅完成了 84% 的目标。

(一)初级结论与数据回顾

1. 问题 1:国籍

表 13-1　　　　　　　　　　　国籍分布

choices	subtotal	proportion
Chinese Mainland	157	93.45%
Other countries or regions	11	6.55%

我们关注的群体主要是中国学生,但是,弄清中国学生和外国学生在态度上的差异也很重要。虽然外国人的态度不是我们关注的重点,在问卷设计上也并未针对外国人进行调整,但是,这一问题不应被简单地忽略,尤其是当外国人有机会参与我们的调查时。

2. 问题2：性别

表13-2　　　　　　　　　　性别分布

choices	subtotal	proportion
Male	78	46.43%
Female	90	53.57%
Other	0	0%

性别是我们在此调查中最关注的重要方面，上面的初步结果表明，男性和女性参与者的数量虽然不甚接近，但每个单项的规模都已经足够大。

3. 问题3：年龄

表13-3　　　　　　　　　　年龄分布

choices	subtotal	proportion
After 2000	28	16.67%
After 1990	139	82.74%
After 1980	1	0.6%
After 1970	0	0%
Born earlier than 1970	0	0%

如本文提到的，本研究主要关注青年群体的情况，特别是那些仍然处在高等教育阶段的学生。在本问卷发放之时，2000年后出生的学生暂未入学，导致这一部分群体的规模明显偏小。

4. 问题4：所属大学或毕业院校

表13-4　　　　　　　所属大学或毕业院校分布

answers	subtotal	proportion
Tsinghua University	71	42.26%
Peking University	55	32.74%

续表

answers	subtotal	proportion
Xi'an Jiaotong University, Renmin University of China	3 ×2	1.79% ×2
Zhejiang University, Central South University, Beijing Aerospace University (Beihang University), Communication University of China, Beijing Institute of Technology, Nankai University	2 ×6	1.19% ×6
Cornell University, University of Sussex, Shanghai University of Finance and Economics, University of Amsterdam, University of Sydney, Clark University, Shanghai Polytechnic University, Hefei University of Technology, Tianjin University, Leiden University, University of Pittsburgh, Shandong University, China University of Political Science and Law, Mo Nash University, University of Auckland, Harbin Institute of Technology, Zhongnan University of Economics and Law, Nanjing University, William and Mary College, Beijing Foreign Studies University, China University of Political Science and Law, Shanxi University, Yonsei University	1 ×23	0.595% ×23
Disturbing term——Clayden University (Qian Zhongshu's fictional university in his famous novel "Besieged City")	1	0.0595%

本题结果表明，我们所有的样本对象都拥有学士学位，或者在调查时正处于大学学习期间。其中 42.26% 来自清华大学，这一部分学生对我们来说更容易接触并获取他们的反馈。紧随其后的是来自北京大学的学生群体，他们贡献了 32.74% 的样本。此外，为了扩大样本的覆盖范围，我们联系了许多其他大学的学生参与我们的研究，他们的研究结果合计占我们收集的 25%（共42例）。他们来自中国的不同省份（例如山西、陕西、上海、浙江等）的不同学校，其中有些甚至还在国外接受了大学教育（例如苏塞克斯大学、悉尼大学等）。

5. 问题5：根据个人喜好程度对以下国家/地区评分（0 表示绝对厌恶，100 表示完全喜欢）

表13-5　根据个人喜好程度对国家/地区评分分布

title	mean
USA	62.39

13 冰火两重:中国学生对韩情感温度中的性别差异

续表

title	mean
Japan	62.05
Russia	68.12
Britain	71.21
Korea	55.27
	Average：63.81

该题是本次研究的核心数据，在此仅展示所有样本的综合结果。出乎意料的是，韩国在五国的综合喜好评价中分数最低，而英国分数最高，不过仅以此题结论较难得出具体的内容，需要结合第7题与样本分组两个角度理解此处的国家评分。

6. 问题6：根据第一印象为每个项目选择最合适的数值（0表示绝对厌恶，100表示完全喜欢）

表13-6　　　　　　　　第一印象分值

title	mean
Popular culture (PC)	61.23
Traditional culture (TC)	45.92
Economic relationship and Commercial reputation (ER)	51.3
Political reputation (PR)	40.2
National security (NS)	45
	Average：48.73

本题就呈现数据而言，也基本符合我们前期的设想，时尚文化占据着绝对的主要地位，但重点需要关注性别因素在这一结果中的影响。

7. 问题7：将前题中的五要素依照自身看法进行排列（5为最优先，1为最后）

表13-7　　　　　　　　排列五要素先后次序

choices	average composite score
Popular culture (PC)	3.16

第三部分　观念

续表

choices	average composite score
Political reputation (PR)	3.03
Traditional culture (TC)	2.74
Economic relationship and Commercial reputation (ER)	2.63
National security (NS)	2.46

本题的数据反映了在形成对韩态度时，被调查者对五要素思考的优先程度。不同于上题对每项的具体评价，此处的整体排序相对有所变化，较前者必然存在不同的内在驱动力。

（二）数据分析——以性别为基础的数据分析

1. 男性信息摘要和分析

收集样本后，我们按性别重新整理了数据。此处首先讨论第五个问题中的"韩国情感分数"一项。该分数的整体平均值为55.27，而男性的平均值为48.68，具体而言，其中特定数据的分布也不同。如图13-1所示，左图为男性数据，右图为总体数据。根据图中反映的趋势，该问题上男性的总体得分低于平均水平，并且极端低分的比例很大，分布曲线整体向左有所移动。

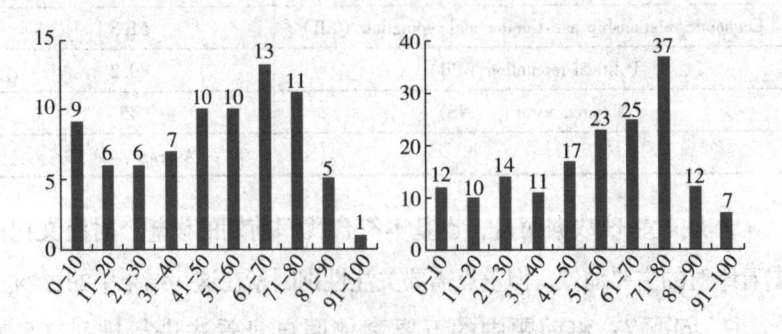

图13-1 对韩情感：左图男性数据；右图总体数据

第6和第7个问题中的数据可以更清楚地说明这一趋势。问题6男性的回答（用下划线标注）和总体结果（用曲线标注）如表13-8所示。

表13-8　　问题6男性的回答（用下划线标注）和
　　　　　　　总体结果（用曲线标注）

title	mean
Popular culture (PC)	50.42
	61.23
Traditional culture (TC)	44.01
	45.92
Economic relationship and Commercial reputation (ER)	52.49
	51.3
Political reputation (PR)	37.35
	40.2
National security (NS)	45.05
	45
Average	45.86
	48.73

通常认为，女性对大众文化与时尚内容的兴趣压倒性地高于男性对这一领域的关注度，这也许可以用来解释男性和女性在此处时尚文化观念上的巨大差异。通过表格内的数据对比与分析，我们发现其他维度的差异相对较小，因此很难排除统计错误的可能影响。更进一步地，对于第7个问题，男性的选择也有其特点（如表13-9所示）：

表13-9　　　　　　　问题7男性的回答

choices	average composite score
Political reputation (PR)	3.17
Traditional culture (TC)	2.96
Economic relationship and Commercial reputation (ER)	2.81
Popular culture (PC)	2.81
National security (NS)	2.63

相较于总体数据，男性在衡量其对韩态度时更为关注政治信任，而时尚文化虽然仍有一定重要性，但相较于总体来说已经处

第三部分 观念

在边缘位置之上，近似被忽略。

2. 女性信息摘要和分析

对于问题5，女性分组的结果及其分布如图13-2所示，其中左边为女性结果，右边为总体结果：

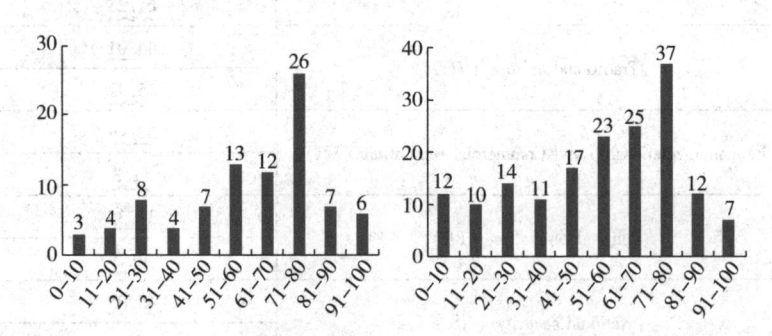

图13-2 问题5：左边为女性结果，右边为总体结果

女性平均得分为60.98，高于整体得分10.33%。这可以得出一个具有一定普遍性的结论，即中国女大学生对韩国多持积极态度。同时，我们发现女性的数据分布更呈现出极端化倾向，大量样本集中于71—80这一区间，这导致女性综合评价的方差大于总体。

表13-10是问题6将女性群体单独分析后所得到的结果。与总体结果相比，唯一明显的区别是流行文化一项明显更高。对于其他问题，女性组的结果与总体结果没有显著差异。这可以通过第7个问题的结果来进一步说明。

表13-10　　女性样本对韩国态度分布

title	mean
Popular culture (PC)	70.6
Traditional culture (TC)	47.58
Economic relationship and Commercial reputation (ER)	50.27
Political reputation (PR)	42.67
National security (NS)	44.96

续表

title	mean
	Average: 51.21

表13-11　　问题7：女性样本对五要素的分值分布

choices	average composite score
Popular culture (PC)	3.47
Political reputation (PR)	2.91
Traditional culture (TC)	2.54
Economic relationship and Commercial reputation (ER)	2.48
National security (NS)	2.31

时尚文化成为女性在进行判断过程中最受重视的部分，或者说，由于在女性数据中这一项目被过度强调，才导致了流行文化在整体数据中的影响被放大，对总体数据分布产生了影响。

五　数据解读

通过对上述数据的分析，我们得出以下数项结论。

首先，中国男性对韩国的情感温度通常远低于女性。如果我们检查男女在每个类别上的情感温度，就会发现可能导致如此巨大的情感鸿沟的潜在因素。时尚文化一项（PC）两个性别之间的差距最大，男性平均得分为50.42，女性平均得分为70.60。除此之外，男女在其他类别中均无显著差异，但政治声誉类别除外（男性平均得分为37.35，女性平均得分为42.67），这是另一处显著性相对较弱的差异。基于此两者，我们得到的初步结论如下：中国男性和女性大学生在对韩国的评价方面的确存在差异，特别是在时尚文化和政治声誉方面，这一差异尤为明显。

其次，中国男性和女性大学生采用的评估标准不同。男性将政治声誉和传统文化视为决定他们对韩国的情感熟悉程度的重中之重，而女性则将流行文化视为最有影响力的因素。有趣的是，显示差距最大的两个类别——时尚文化和政治声誉——是评估情感温度的最具决定性的因素，可以最大限度地扩大这一差距基于性别差异的影响。这种现象出现的原因尚不清楚，但我们推测这可能受到以下因素的影响：社会思维逻辑上的性别差异；妇女意识的发展和提高；大学教育的政治化以及媒体的宣传。在进行这一研究之时，中韩关系正处在波动发展的阶段。2016年中韩就萨德系统爆发了争端，因此引发的中国民众对韩国政府态度转冷的余波影响至今。此外，随着"90后"消费能力的爆发与审美观念的日趋开放，韩国时尚文化在中国开始占据越来越大的市场，但这同样是一项受到性别差异影响的内容。对这一问题的具体解释需要从两个维度展开，其一，我们需要探讨中国大学生性别观念与思想意识、日常关注点之间的关联；其二，则要就中韩关系的波动展开讨论。

在国际新闻行业蓬勃发展的今天，两国民众较过去获得了更为广泛的信息渠道，对两国发生的诸多事件保持着部分知情的状态。一方面，出于国家利益与长期发展规划，两国在诸多领域形成竞争乃至冲突关系；另一方面，在社会舆论有效作用于政治决策的当下，民众的认识也必然会影响两国间的外交与其他双边活动，形成新的冲突点。大学生群体虽然仅占据一小部分人口，但因复杂的来源与独特的社会地位、知识水平，也往往反映出整个社会的认识与关切。

六 总结与讨论

总的来说，我们收集的数据呈现出众多可以用作研究切入点的内容细节，就此而言，这一结果较为令人满意。为了简化数据并具体定义问题，我们关注性别维度以重新整合样本。在分别对男性和女性进行数据分析的一节，我们比较了男性数据和女性数据的差异，并初步得出了大众文化具有巨大影响力这一结论。此外，男性和女性之间的相似结果也有助于我们认识到，在政治、经济和国家安全领域，中国大学生内部的同质化程度很高。要找出其背后的原因，可能需要更为详细的研究与分析。

由于时间限制，我们设计了一个简短的调查表。但是，这可能会阻碍我们获得更多有效信息。就样本结果来看，我们的调查对象多集中于某几所院校，缺乏多样性与较广的覆盖面。另一点限制在于，我们没有找到适当的方法来排除数据中隐含的干扰因素，例如由于受试者输入错误而导致的错误。本研究的一个潜在的基础假设是，中国大学生眼中的韩国是实际存在的韩国，而非在中国媒体、社会舆论环境下构建起的虚幻的韩国，但现实生活中这种假设很可能只是我们的一厢情愿。由于中韩关系带有高度的政治化意味，媒体报道往往难以完全还原事实本身，网络环境下相关知识的普及也不甚到位，导致大多数人意识中的韩国与现实的韩国有着区别，这一点正如李普曼所言"拟态环境"。以近年来网上经常出现的涉韩言论为例，江陵端午祭（端午申遗）、财阀体制等问题常常为网民所提及，但了解其中细节与实际情况者却寥寥，这种情况在大学生群体中也屡见不鲜。本研究就目的而言，虽然试图还原大学生对韩国的真实态度，但如何解决这一问题仍然困扰着我们。

参考文献

Blonigen, B. A. & Park, J. H., "Dynamic pricing in the presence of antidumping policy: Theory and evidence", *American Economic Review*, 2004, 94 (1): 134–154.

Gootnick, A. T., "Locus of control and political participation of college students: a comparison of unidimensional and multidimensional approaches", *Journal of Consulting and Clinical Psychology*, 1974, 42 (1): 54.

Kahne, J., Lee, N. J. & Feezell, J. T., "Digital media literacy education and online civic and political participation", *International Journal of Communication*, 2012, 6: 24.

Pritzker, S., Springer, M. & McBride, A. M., "Learning to vote: Informing political participation among college students", *Journal of Community Engagement and Scholarship*, 2019, 8 (1): 8.

楚卫华、刘朝霞、王怡琳:《中国大学生与"韩流"——关于"韩流"的调查分析报告》,《中国青年政治学院学报》2003年第4期。

郭洁:《民族主义情绪对中韩关系的影响》,硕士学位论文,暨南大学,2010年。

刘洪钟、曲文轶:《公司治理、代理问题与东亚家族企业:以韩国财阀为例》,《世界经济》2003年第2期。

第四部分

法　　律

莊周四章

盜跖

14 虚拟世界的护栏：网络游戏时代儿童信息安全保护何去何从

周靖芸 宋金洋[*]

根据韩国文化振兴院发布的《2019游戏沉迷综合实证调查》，韩国儿童中的游戏善用人群比例呈逐年上升趋势，具有游戏成瘾危险的青少年比例呈微弱上升趋势，标志着网络游戏越来越多地走入儿童的日常生活。[①]

儿童进行网络游戏时，互联网公司如何收集、处理儿童个人信息成为社会关注的焦点。同时，针对儿童的防沉迷措施往往与实名验证、父母验证机制挂钩，因此也与儿童个人信息的保护乃至更广阔的行动、表达自由息息相关。在网络游戏时代，作为新兴的互联网大国和互联网领域的领先国家，中韩两国的儿童信息安全保护立法都面临机遇和挑战。

---

[*] 周靖芸，清华大学法学院2016级本科生，现于上市公司董事会办公室任职；宋金洋，清华大学法学院2016级本科生，现在律师事务所任职。

[①] 한국교육계발원,『2019 게임 과몰입 종합 실태조사』, 2020. 1. 8.

第四部分 法律

一 如何保护儿童的个人信息?

（一）中国立法现状考察

1.《未成年人网络保护条例》①

2016年10月，国家互联网信息办公室发布了关于《未成年人网络保护条例（草案征求意见稿）》公开征求意见的通知，其中明确规定，通过网络收集、使用未成年人个人信息的，应当遵循合法、正当、必要的原则，明示收集、使用信息的目的、方式和范围，并经未成年人或其监护人同意，制定专门的收集、使用规则，加强对未成年人网上个人信息的保护。但在针对数据安全保护和防沉迷制度的细节设计上，该条例稍显简略。

2.《信息安全技术个人信息安全规范》

该草案填补了国内个人信息保护在实践标准上的空白。将《网络安全法》的原则规定落地，吸收《电子商务法》中关于"要求电商经营者向消费者提供不针对特征选项"的内容，进一步要求控制者提供"个性化展示"的退出，并标明"个性化展示"的推送，对技术快速发展做出了回应。增加第三方接入管理规定，提出了应建立第三方产品或服务接入管理机制、向用户标识第三方的服务产品，留存平台第三方接入的记录等操作规定。

但其规定较为概括局限，散见于各章节，将儿童信息保护归类到了个人敏感信息范畴，统一适用敏感信息相关标准。

3.《儿童个人信息网络保护规定》②

相比之下，《儿童个人信息网络保护规定》作为中国首部针对"儿童个人信息保护"效力层级较高的法律，系统地规定了应

---

① 《未成年人网络保护条例（草案征求意见稿）》，2016年10月国家互联网信息办公室发布。
② 《儿童个人信息网络保护规定》，2019年8月22日国家互联网信息办公室发布。

设置儿童专门用户协议、设置专人负责、征得儿童监护人明确同意、加密存储和最小授权访问等儿童个人信息保护要求，相较于14周岁以上的未成年人和成年人，其各项要求均更加严格。

该规定沿用了《国标》的基本框架，参考了保护个人信息全生命周期的思路，对儿童个人信息的收集、存储、使用、转移、披露均有完整的覆盖。强调了网络运营者的行业规范，要求设立专人负责儿童信息保护。国家互联网信息办公室会根据情节轻重，采取约谈或者依据《中华人民共和国网络安全法》第六十四条根据情节单对直接负责的主管人员和其他直接责任人员处以罚款。

其中较为关键的是，对于儿童监护人具体、清楚、明确和基于自愿的明示同意的要求。在确实需超出目的和范围使用的，和第三方共同使用儿童信息的，以及向第三方转移儿童信息的三种情形下，应再次征得监护人明示同意。但在为维护国家安全或者公共利益，为消除儿童人身或者财产上的紧急危险，以及法律、行政法规规定的其他情形下，可不经明示同意直接进行数据收集或处理。

（二）先进经验的借鉴：制度优化设计

1. 家长明示同意的获取和验证设计

"知情同意"（informed consent）是个人信息收集中的重要原则。信息的被收集者应该清楚地获知自己被收集的是何种信息，然后需要清楚地表示自身对这些信息收集请求的同意。在对儿童个人信息的保护中，欧洲各国与韩国都将这一权利向父母方面延伸扩张。

（1）《欧洲通用数据保护条例》[①]

①取得监护人同意

向儿童提供信息社会服务的平台，对16周岁以上儿童的个人

---

① General Data Protection Regulation（EU）2016/679.

数据处理是合法的。16周岁以下的用户，其同意应当由父母或监护人做出。成员国可以根据各国情况将年龄限制下调，但不得低于13周岁。

如果游戏平台想要确保其未成年用户仅在其父母或监护人的同意下订阅该服务。该控制者应当遵循以下步骤（图14-1）：

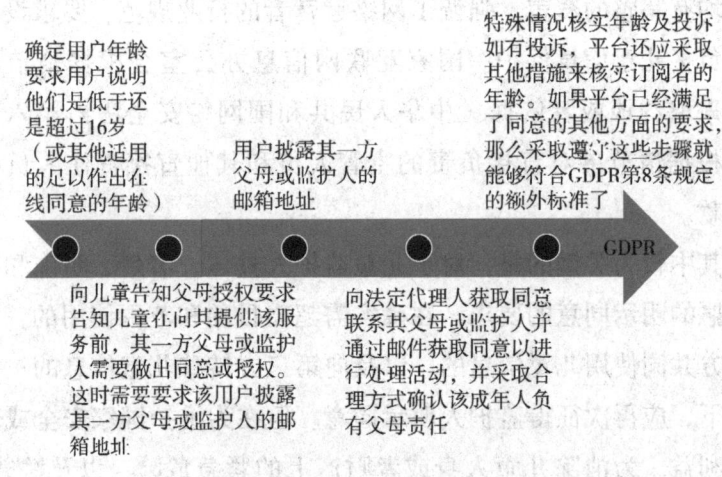

确定用户年龄
要求用户说明他们是低于还是超过16岁（或其他适用的足以作出在线同意的年龄）

用户披露其一方父母或监护人的邮箱地址

特殊情况核实年龄及投诉
如有投诉，平台还应采取其他措施来核实订阅者的年龄。如果平台已经满足了同意的其他方面的要求，那么采取遵守这些步骤就能够符合GDPR第8条规定的额外标准了

GDPR

向儿童告知父母授权要求
告知儿童在向其提供该服务前，其一方父母或监护人需要做出同意或授权。这时需要要求该用户披露其一方父母或监护人的邮箱地址

向法定代理人获取同意
联系其父母或监护人并通过邮件获取同意以进行处理活动，并采取合理方式确认该成年人负有父母责任

图14-1 GDPR规定游戏平台用户订阅所遵循的步骤

②验证监护人同意

游戏平台通过清晰可行的技术设计，合理选择一个方法以确保做出同意的是儿童的父母，而非儿童本人。例如：让父母签署一个同意表格并通过传真、邮箱或电子扫描等方式邮寄回来；让父母拨打免费电话；与父母进行视频会议；让父母回答一系列以知识为基础的对于父母之外的人很难回答的具有挑战性的问题；让父母提供政府颁发的可在数据库中查询的ID复印件，运营商需要在完成认证程序后删除认证记录；通过人脸识别技术对比验证父母的驾驶证照片和父母本人照片。

（2）韩国立法

韩国2001年的《信息通信网络利用促进与信息保护等相关的法律》（以下简称《信息通信网络法》）修正案中首次提出了对

儿童个人信息进行保护的概念。① 纵观韩国立法，其儿童个人信息保护制度完全依赖于儿童的法定代理人授权和同意。2011 年制定的《个人信息保护法》第 22 条规定，对于未满 14 周岁的儿童，收集其个人信息均需要法定代理人的同意。法定代理人还有与儿童相同的查阅、更正、要求删除、要求停止处理个人信息的权利。换言之，无论儿童接受的网络服务性质如何，一切收集儿童信息的请求均需要得到父母的同意。②

与 GDPR 类似，韩国在 2019 年 6 月开始实施的新韩国《信息通信网络法施行令》第 17—2 条基于知情同意的原理提供了 7 种确认法定代理人同意的方法。③ 韩国放送通信委员会于 2019 年 6 月 24 日发布了相关资料，就网络服务商收集儿童个人信息取得法定代理人同意的程序提供了清晰详细的指引④（图 14 - 2）：

确定服务对象，通过填写出生年月等方式检测使用者是否为未满14周岁的儿童。

向儿童在最小范围内收集法定代理人的联系方式等信息。

特殊情况核实年龄及投诉未经法定代理人同意向儿童收集个人信息者处罚金（《信息通信网络法》第64条之3），但一般行政处罚要求具有故意或过失，此时难以确定，故难以成立行政处罚。

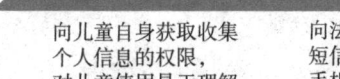

→ 韩国

向儿童自身获取收集个人信息的权限，对儿童使用易于理解的形式、明确且易于理解的语言（《信息通信网络法》第22条）。

向法定代理人获取同意手机短信验证/提供信用卡信息/手机号码实名验证信息辅助验证/（电子）邮件或传真提交书面同意书/通话/在线确认同意等方法。

图 14 - 2　韩国放送通信委员会对网络服务商收集儿童个人信息的程序指引

---

① 2019. 6. 25. 타법개정, 2019. 6. 25. 시행 정보통신망 이용촉진 및 정보보호 등에 관한 법률 시행령（대통령령 제29886호）.

② 2017. 7. 26. 타법개정, 2017. 10. 19. 시행 개인정보 보호법（법률 제14839호）.

③ 2018. 12. 24. 일부개정, 2019. 6. 25. 시행 정보통신망 이용촉진 및 정보보호 등에 관한 법률（법률 제16021호）.

④ 방송통신위원회,『보도자료：법정대리인 동의의 확인방법 구체화 – 개정 정보통신망법 및 위치정보법 시행령 시행』, 2019. 6. 24.

2. 针对儿童信息保护的基本制度设计：《儿童个人信息网络保护规定》

设计专门的儿童个人信息保护规则和用户协议，并由个人信息保护专员或者指定专人负责儿童个人信息保护；遵循最小授权信息访问要求，工作人员访问儿童个人信息的，应当经过个人信息保护专员或者其授权的管理人员审批；网络运营商委托第三方处理儿童个人信息的，应当对受委托方及委托行为等进行安全评估；向第三方转移儿童个人信息的，应当自行或者委托第三方机构进行安全评估，并征得儿童监护人的明示同意；网络运营者发现儿童个人信息发生或者可能发生泄露、毁损、丢失的，应当立即启动应急预案。

二 儿童个人信息保护如何与防沉迷系统结合？

（一）中国的防沉迷游戏

国内外游戏厂商、政府都开发出了不同的机制以防止儿童沉迷游戏。这些方法大同小异，一般都要求父母进行实名验证。

1. 腾讯游戏

（1）防沉迷系统：人脸识别

腾讯健康系统于 2017 年 6 月上线。在该系统的限制下，12 周岁以下（含 12 周岁）未成年人每天在《王者荣耀》等游戏中限玩 1 小时（同时每日 21:00—次日 8:00 之间禁玩），13—18 岁的未成年人每天限玩 2 小时，超过时间后将被强制下线，当天不能再玩。2018 年 9 月从用户最广的《王者荣耀》开始启动强制公安实名校验，判断用户是否为未成年人，以便确定是否将此账号纳入防沉迷体系中。除此之外，还在北京和深圳两个城市启动了第一轮人脸识别小范围测试，以交叉验证用户是否为未成年人。①

（2）父母验证

认证流程要求监护人提供身份证信息、上传其与未成年人手持身份证的合照、亲子关系证明文件，还要监护人动态的视频认证。"儿童解锁模式"下，13岁以下未成年人登录游戏将同步给监护人，由他们确认登录，目的是把控未成年人的游戏账户以及实时监控未成年人在网络中的游戏行为。

2. 网易：家长关爱平台

网易表示将在自家旗下的15款热门游戏中加入严格的防沉迷机制，并针对玩家采取在玩游戏时进行实名登记、消费提醒以及绿色保护通道等措施，将中国政府极力提倡的保护未成年人、防游戏成瘾机制全面升级。目前网易的"家长关爱平台"提供下列功能：查询子女游戏账号的游戏时间/游戏消费；管理子女游戏账号的游戏时间/游戏消费；冻结子女游戏账号/解除此前冻结的子女游戏账号。②

（二）韩国的防沉迷制度与家长监护：家长同意背后的宪法隐忧

韩国《游戏产业促进相关法律》（以下简称"《游戏产业法》"）第12条第3款第1项规定，18周岁以下的青少年在注册游戏时必须经过法定代理人（即父母）的同意。同意的获取和确认方法与《信息通信网络法》的规定类似。③

实际操作中，父母因此拥有了与子女同样的修改和删除个人信息的权利，这意味着父母甚至可以对子女的游戏账户直接进行操作，因而获得对子女网络游戏行为中较为宽泛的控制权限。例

---

① Focus聚焦：《〈王者荣耀〉测试新的健康系统，13岁以下孩童第一次玩需要父母解锁》，搜狐网，2019年3月6日，http：//m.sohu.com/a/299433462_100279328。

② 彭可心：《网易推出家长关爱平台15款热门游戏上线防沉迷系统》，网易游戏频道，http：//3g.163.com/game/article/E5NS1GCK003198EF.html，2019年1月17日。

③ 2019.9.3. 일부개정，2019.9.3. 시행 게임산업진흥에 관한 법률 시행령 (대통령령 제30068호)；2019.11.26. 일부개정，2020.5.27. 시행 게임산업진흥에 관한 법률 (법률 제16586호).

如，韩国英雄联盟的网页中就为父母如何更改、删除子女游戏账户等操作提供了详细的指引。①

然而，家长权利的过分壮大也招致了部分未成年人及民间团体的不满。2013年，韩国宪法法院受理了由两位申请人提出的相关违宪审查请求，但请求最终被法律驳回。申请人认为，韩国《游戏产业法》要求青少年征得父母同意的条款违反了宪法规定的行动自由。但法院指出，征求父母同意的规定使青少年接触互联网游戏的决定通过在家庭内部的对话来解决，而其他针对年轻人使用游戏的法律强制措施也不能完全取代这种自主性的努力。考虑到大多数18岁以下的青少年没有独立的经济能力，其极有可能进行与购买有偿物品有关的犯罪，以及由青少年沉迷游戏所带来的社会成本增加，现有法律并不违背法益均衡。②

然而，正如金昌钟法官和赵容镐法官（音译）的反对意见：目前韩国的父母同意制度仍然值得检讨。"网络游戏以自由为基本要素，因此国家对此类游戏的介入和规制应格外小心。目前仍不清楚网络游戏过度沉迷和成瘾是否是由其引起的危害的直接原因，因而防止游戏过度沉迷和成瘾的立法目的不应成为国家可以追求的合法公共利益。"同时，由于韩国已经实施夜间强制关机等防沉迷制度，仍然要求父母同意的规定有重复之嫌。

---

① https://parents.kr.riotgames.com/login.
② 헌재 2015. 3. 26. 2013 헌마 517.

15　谁动了我的奶酪：中韩综艺版权之争

邓艺婧[*]

随着互联网环境的成熟以及年青一代群体对多样化文化产品的需求增多，各式各样的综艺节目成为近年来文化市场中炙手可热的新星。在娱乐产业相对发达、成熟的韩国，诞生了多档人气与口碑俱佳的综艺节目。由于文化上"一衣带水"的亲缘性，许多韩国综艺节目在中国国内也有着相当可观的受众数量。中国的综艺节目制作者们敏锐地捕捉到这一市场趋势，随后便出现了许多与韩国综艺节目相似的中国本土综艺节目。

综艺节目逐渐拓宽的受众群体和日益火爆的话题度与关注度，不仅增加了其文化分量，也引发了对其独创性价值的探讨。观众们越发认识到，一档优秀的综艺节目的核心就在于其创新的节目模式，在一个新颖有趣的节目模式下，对具体内容稍作调整即可达到标新立异的效果。这样一来，节目模式的相似自然会引起制作者们和观众们的强烈反应。因此，从官方到民间，近年来中韩之间关于综艺版权的争议层出不穷。饱受争议的节目包括东方卫视的《极限挑战》（和MBC电视台的《无限挑战》相似），湖南卫视《向往的生活》（和tvN电视台《三时三餐》相似），网综

---

[*] 邓艺婧，清华大学法学院2017级本科生。

《中国有嘻哈》(和 Mnet 电视台"Show Me The Money"相似),等等。在 2018 年的戛纳电视节上,国际节目模式保护协会(FRAPA)也公开表示了对韩国 CJ 娱乐公司控诉爱奇艺《偶像练习生》抄袭其综艺《Produce 101》的支持。① 据韩国媒体 2018 年的报道统计,2014—2018 年就有 34 档韩国综艺被中国制作者以不同形式"抄袭"。②

面对如此指控,中国的制作方也并非全无回应。主张中国综艺节目的"原创性"是较为普遍的回应方式,例如中国综艺节目《隐藏的歌手》制作方就在新闻采访中主张:"无论从节目的内核、模式、流程还是在注册商标层面,都是货真价实的原创,不存在抄袭。"③

由于节目之间存在明显的相似性,这样的简单回应并不能完全消除两国观众和韩国制作人的质疑。广泛存在的争议和坚持"原创性"的主张之间产生的巨大反差,使公众难以在各方的声明和论战中得出明确结论,也使人们开始思考,为什么争议仍然停留在公开谴责、新闻报道、网络讨论层面,而尚未有人采取更加直接的措施,对"抄袭"行为进行法律层面的谴责。对此,需要从《著作权法》对综艺节目模式的保护说起。

一 著作权制度保护综艺节目模式的困境

中韩两国的著作权法,以及两国均加入的国际条约《保护文

---

① Variety, "Format Protection Body Backs Allegation of Copyright Infringement Against China's Iqiyi", https://variety.com/2018/tv/news/frapa-cj-allegation-copyright-infringement-china-1202746943/.
② 중앙일보,"'프듀' 부터' 미우새까지…중궈이 표절한 국내 예능 534 건",2018 年 10 月 7 日。
③ 《〈隐藏的歌手〉回应质疑:节目系本土原创》,人民网,2015 年 11 月 5 日,http://media.people.com.cn/n/2015/1105/c40606 – 27778706.html。

学和艺术作品的伯尔尼公约》都对著作权保护的客体做出了限制。著作权保护客体领域的一项基本的原理是思想与表达的二分，即著作权法只保护具体的表达，不保护抽象的观点、思想、创意等。这种二分的原理在于保护思想的自由和降低之后创作的成本，避免一种思想被创作后成为个人专有权利，无法发挥其社会价值。

反对将综艺节目模式纳入著作权保护范畴的人认为，对节目模式的保护同样会起到阻碍思想的自由流通和之后创作的效果。试想如果对"多国青年会谈"这一节目模式（代表节目有湖北卫视《非正式会谈》、韩国JTBC电视台《非首脑会谈》等）进行保护，并赋予权利人专有权利的话，后来一切涉及"不同国籍的人进行思想交流"的节目都需要支付节目模式的使用成本，那么展现文化交流碰撞的节目创作就会越发稀少，即使这种交流碰撞可能以完全不同于原版节目的形式表现出来。

但也有人认为，综艺节目模式已经脱离了思想的范畴，变得足够具体，对它的保护设定具体明确的范围，不会过度地增加社会公众和之后创作者获取、使用信息的成本，而激励综艺节目的不断创新需要著作权制度的保障。两相权衡下，应当将综艺节目模式纳入可受版权保护的表达范畴。

值得注意的是，思想和表达的二分并不是泾渭分明的，而是更像一个渐变的色卡，当具体的表达抽象到一定程度的时候，就会进入思想的范畴。而这个具体程度的衡量是在不同行业的共识上做出的。综艺节目模式似乎落入了这个色卡的模糊地带——比完全抽象的思想具体一些，却又比完全具体的表达抽象一些。我们可以笃定地说《1984》这部电影作品是表达，作品背后反极权精神是思想，但却很难笃定地说《奔跑吧兄弟》撕名贴淘汰的游戏模式是一种表达还是思想。从实践上来看，目前主流观点仍然坚持综艺节目模式属于思想领域，不能纳入《著作权法》的保护范畴，具体见于北京市高级人民法院于 2015 年 3 月 16 日印发的《关于审理涉及综艺节目著作权纠纷案件若干问题的解答》和各地的司法实践。然而，不同于传统的电影、电视剧等文化产品，综艺节目的核心竞争力不在于其成品的表达，而正在于其节目模式。一部电影很难通过变更具体内容的方式达到同样的艺术和市场效果，但一档综艺节目却可以通过保留节目模式、改变具体内容的方式获得源源不断的文化效益和经济效益。因此，思想和表达二分制度的存在，对保护综艺节目的阻碍远远大于对其他文化产品的阻碍。在目前的框架下，想要获得《著作权法》的保护，综艺节目制作方可以主张的是具体的文字脚本、舞美设计、音乐灯光编排等，但是想要绕开这些版权内容是非常容易的。从实践中看，由于综艺节目的自由度本来就较高，文字脚本的存在仅仅起到引导流程开展的作用，具体的内容不完全类似，而舞美设计和音乐灯光编排也可以完全不同于原版节目。因此主张这些内容的版权，能够达到对综艺节目核心创意和竞争力的保护的成效并不显著。

即使有部分节目幸运地跨过了著作权制度对保护客体的高门槛要求，在"作品需要有独创性"这一要求上也仍然存在着障碍。如果两档综艺节目模式的设置都有着男女嘉宾随机组队、参加游戏、双向互选等内容，其在何种程度上构成了独创性呢？从环节上来看，男女嘉宾共同参加活动显然不是什么有创新性的设置，设计的游戏可能也是普遍存在石头剪刀布、猜数字等，双向互选的模式也并不是这档综艺节目独有的，因此无法满足"独创性"的要求。

当分析进行到这一步时，新的问题出现了。如果单个的环节设计是一种思想且无法满足独创性要求的话，各个环节的排列组合是不是一种具有独创性的表达呢？这种排列组合是制作者进行智力创作、精心设计之后的结果，往往具有创造性。通过文字脚本对节目流程的记录，以及按照文字脚本进行摄制，这种排列组合也成为一种固定的表达，可以反复复制，因此满足了著作权保护客体的条件。这正是荷兰目前对节目模式加以著作权法保护的路径，当综艺节目的保护价值持续上升，达到确有必要通过著作权法加以保护之时，未来立法或许也能向这一方向发展。

二 著作权制度行不通，反不正当竞争制度来兜底？

不能在著作权制度下获得保护，并不意味着综艺节目模式全盘丧失了受到法律保护的可能性。在实践中，许多因为被归入思想领域而无法得到著作权保护的外国创作者的创意、模式、流程等，都通过反不正当竞争制度夺回了"一亩三分地"。典型事例有针对不受著作权保护的游戏规则，暴雪游戏公司开发的《炉石传说》游戏就通过反不正当竞争制度成功从山寨的《卧龙传说》游戏手中夺回了主权。对综艺节目模式的保护或许也可以采取同样的迂回战术。

反不正当竞争制度规制的对象是违反市场公平竞争、诚实信用原则的行为。我国的反不正当竞争法并未对经营者的国籍予以限制，外国综艺节目制作方也可以根据反不正当竞争法主张权利。韩国综艺节目模式是创作者们投入时间和精力形成的智力成果，而中国的制作方直接使用韩国综艺节目创意，是一种"搭便车"的行为，不符合诚实信用原则。而有的中国本土节目的名称也和韩国节目高度类似，会误导观众，使其认为二者之间存在直接的关联，从而将已经有一定海外影响力和市场基础的韩国综艺节目的人气引流至中国本土节目。这种混淆行为，也是为反不正当竞争法所禁止的。因此，利用反不正当竞争制度维护韩国综艺节目创作者的权利，似乎不存在明显的法律适用障碍。

尽管如此，外国经营者在中国进行维权的巨大成本也需要被考虑。并不是每一个韩国综艺节目制作方都在国内有授权代表或子公司，当暴雪公司可以联合其在国内的代理商网易公司在国内提起反不正当竞争之诉时，更多的韩国节目制作方却缺少在国内可以协助其进行维权的主体。韩国综艺节目由于从未正式进入中国市场，受到的直接经济损害并不显著。考虑到维权的成本与收益的不对等，即使创作者们对自己开发的综艺节目有着强烈的维权意愿，中韩的综艺节目版权争议也往往仅停留在谴责、论战阶段，少有进入法律阶段的实例。

三 从社会角度重新思考中韩综艺版权之争解决方案

并不是所有的争议都要通过法律手段来解决，一方面适用法律的成本较高，另一方面立法相对实践的滞后性也决定了法律保护并不能及时覆盖所有领域。鉴于上文所述的法律制度困境、适用成本等问题，从社会角度重新思考中韩综艺版权之争的解决方案，显得尤为必要。

首先，应当继续增强公众对于智力成果的尊重意识。尽管中韩综艺节目模式的类似很难在著作权法意义上构成"抄袭"，但不妨认可"抄袭"这一词能够在社会和法律两个语境下使用，并且在不同的语境下可以有不同的含义。法律意义上难以构成"抄袭"，不妨碍在公众舆论场合的日常意义上使用这一词语来谴责他人智力成果搭便车的行为。这种谴责更多的是一种道德层面上自发的行为，但一旦形成行业内部共识，往往能够以更少的成本承担同样的保护智力成果、鼓励创新的功能。

当下，大部分综艺节目的中国观众并不在意其所观看综艺的节目模式是否原创，这固然有语言隔阂带来的信息流通不畅的影响，但同样也出于观众对于智力成果来源的漠不关心。相较于韩国原版综艺节目，"搭便车"的综艺节目消除了语言壁垒。再加上国内综艺节目起步较晚形成的市场真空,这些综艺节目往往因为足够有趣的节目模式和更加符合国内受众需求的本土化改造而爆红,《偶像练习生》就是典型。这种以较少的开发成本获得的巨大利益,又能够进一步刺激节目制作方继续采用搭便车的方式,复制韩国综艺模式加以改造后投入市场。在这样的模式下,向韩国方面购买了版权的节目组反而会成为被驱逐的"良币"。市场陷入恶性循环。如果从社会层面能够有更广泛、更强的尊重智力成果的意识,即使不是通过"抵制",也仍然可以通过谴责等方式,降低"抄袭"节目的效益,反向促使创作者们尊重他人的智力成果。

观察公共论坛上的发言,在那些意识到某档中国综艺节目有着韩国"母版"的观众之间,也会有两种不同的态度。一种是感到羞愧和丢脸,认为这种"抄袭"的行为不仅不利于中国本土文化产业的发展成熟,还会在国际上留下不好的文化形象,因此大力抵制"抄袭"的节目。另一种则或多或少带有民族主义色彩,不仅不认为"抄袭"行为有任何问题,反而为免费"拿来"外国的智力成果进行本土化、"造福"本国观众而感到自豪。后一种观点的存在颇能够说明当下对智力成果的尊重仍然处于区分"你我"和"内外"的阶段,并不是从智力成果本身应当得到尊重的价值层面出发,且这种区分也未能考虑到对于文化创造长远的发展和影响,由此可以证见呼吁尊重智力成果的任务有相当大的实施空间。

其次,复制、搬运韩国综艺节目模式的背后,折射出的是中国本土文化产业的不成熟——有潜力的创意缺乏落地的机会,对综艺节目的价值预期较低导致无法获得足够的资源来支持新创意的开发,原创综艺较长的开发周期无法适应快消文化市场的需要,等等。因此,更根本的解决方案必定是改善国内的综艺节目创作环境,鼓励国内优秀新颖的综艺节目创作。可喜的是,近年

第四部分 法律

来国内原创综艺节目已经有了长足进步，涌现出越来越多不需要借鉴海外节目便可兼获人气和口碑的优秀综艺作品，例如《声临其境》《声入人心》《国家宝藏》等，其中部分作品也解锁了向海外出口的成就。

最后，正是因为中国的综艺节目产业开始从"引进来"向"走出去"转化，中国可以考虑更多地信赖和利用FRAPA提供的综艺节目争议调解机制。作为一个保护节目版式的专业性国际组织，FRAPA与世界知识产权组织仲裁中心合作，为综艺节目提供登记，并设置仲裁程序解决登记之后可能产生的抄袭争议和纠纷。这并不是一种著作权法或反不正当竞争法意义上的保护，而更类似于一种行业自律，并且通过世界知识产权组织的承认使其更加规范和法制化。目前FRAPA在解决节目模式争议上发挥着相当重要的作用，会员们通过承诺抄袭他人创作的节目会受到协会的惩罚，来换取自己的节目可以在遭受抄袭时有伸张正义渠道的稳定预期。这种权利义务对等的方式能够有效防范和化解争议。目前超过20家韩国制作方由韩国文化产业振兴院（KOCCA）代表，成为FRAPA的成员。而根据FRAPA在2019年发布的新闻，仅韩国与土耳其两国就代表了15%的FRAPA会员席位。[1] 如果中国希望在世界范围内提升综艺节目的影响力，同时保护自己的节目创意的话，也可以考虑FRAPA提供的调解平台和机制。毕竟，加入主流游戏战局比自娱自乐，预计会有更多的所得和更加广阔的成长空间。

---

[1] Broadcast Pro, "FRAPA welcomes Turkish and Korean member", 2019年4月4日。

16 精英的诞生：韩中司法人员培养制度比较

金舜炯[*]

司法人员在国家法律授权的职权范围内履行与国家法务或司法相关的工作。司法人员社会地位较高，是社会上受人尊敬的职业之一。具体通过什么样的机制才能使司法人员既得到人们信任，又能保证其法律专业性，还能使更多非法学背景专业知识的人士参与法律界的工作，是每个国家都在关注的话题。韩国作为中国的邻国，在近十年来，采取过英、美、法的法学专业硕士制度及大陆法系的司法考试制度。将韩国的实践经验与中国现行的国家统一法律职业资格考试进行比较，能够更客观地看待国家司法人员培养机制在当今时代下的发展规律。本文主要以韩国过去的司法考试和现行的法学专业硕士制度与中国的法考进行比较和分析。

一 引言

在韩国，司法人员可以分为法官、检察官、律师以及执行法务或司法事务的相关工作人员。司法人员是国家法治推进的主

---

[*] 金舜炯（韩国），清华大学法学院环境与能源法2020级博士研究生。

第四部分 法律

体,也是被国家授予合法权力,依法执行与法律相关的工作、背负着重大责任及义务的人员。国家通常要求司法人员具备很高的守法意识、知法水平、文化水平,以及良好的人格素养。只有具备这些条件的司法人员才能够严格依法执法,准确做出法律分析及判断,维护由法律保障的权利,使国家法治主体得到国民的信任,推动国家法治的发展。为了选拔既具备高专业水平又具备文化素养的司法人员,每个国家都有结合本国国情的选拔模式,即"司法考试"。

韩中两国在过去几百年都采取"科举制"。中国和韩国的人们可以通过一次考试改变身份地位,获取一个"官职"。同样,韩中两国的司法考试,只要考过,人们都有机会从事法官、检察官、律师等在社会上得到人们尊敬且能保证一定经济收入的工作。中国和韩国的电影或电视剧中也反映着这样的社会情况。以韩国为例,《局内人》(707万观影人次)、《辩护人》(1137万观影人次)、《王者》(THE KING)(532万观影人次)、《杀人回忆》(525万观影人次)、《检察官外传》(970万观影人次)[1] 等这些以司法人员为主角的电影受到5000万韩国人的欣赏,这些电影都直接反映韩国法官、检察官、律师在韩国司法实务中掌握的权力以及司法人员在社会上的形象和地位。以《王者》为例。这部电影主要讲述电影主角从一个初中生学习成长为检察官,以及之后的工作及生活的故事。正如电影的名字,该电影暗示着由法律授予很大权力的韩国检察官,其社会地位及公权力等同于一个国家的"王者"。所以韩国法官或检察官等司法人员,一直以来是韩国相亲平台上女生最喜欢的职业之一。[2]

中国自改革开放以来,注重法治建设,加强国家法治理念,中

---

[1] 参见https://search.naver.com/search.naver?where=nexearch&sm=tab_etc&query=%EC%97%AD%EB%8C%80%20%EB%B0%95%EC%8A%A4%20%EC%98%A4%ED%94%BC%EC%8A%A4%20%EC%88%9C%EC%9C%84,2020年1月19日。

[2]《2016年韩国男生女生彼此喜欢的对方职业排行》,https://csrkorea.tistory.com/884,2020年01月19日。

国的司法人员专业水平及社会地位也逐步上升。2017年湖南卫视播放的电视剧《人民的名义》，收视率突破3.6%[1]，深受中国人的喜欢，该电视剧很好地反映了中国检察官的办案过程，提高了观众对司法机制的理解。

总体看来，中国和韩国的司法人员在社会上普遍受到人们尊敬，其职权范围以及地位都较为相当。尤其在韩国社会中，司法人员职位既是权力的象征，又是成功的代表。现实生活中，韩国家长都希望自己的孩子能够努力学习成为法官、检察官等司法人员。究竟经历怎样的过程才能成为司法人员，如何让司法人员选拔机制保证国家司法人员的专业水平、文化水平、人格素质是一个不断被探讨的话题。本文介绍并比较韩中两国司法人员培养机制，探讨选拔机制上存在的不同，以及可以互相借鉴的内容及其意义。

二　韩国司法人员的培养制度

韩国于2018年1月1日起正式废除自1963年起实施的"司法考试"，由2008年开始实施的韩国法学专业硕士制度来替代过去的司法考试制度。2008—2017年韩国采取了两种不同渠道的选拔机制，但是目前只留下法学专业硕士制度来培养司法人员。其制度历史相对短暂，且在韩国历史上有很多著名人士，如卢武铉前总统、文在寅前总统都是通过韩国司法考试出身的国家领导人。该司法考试制度与中国现行的司法考试（法律职业资格考试）制度也存在着较大区别，从时间顺序上，本文先从过去的韩国司法考试制度开始介绍韩国司法人员选拔机制。[2]

---

[1] https://baijiahao.baidu.com/s?id=1600683155209111131&wfr=spider&for=pc，2020年1月19日。

[2] 在韩国对从事于司法或法务人员统称"法曹人"，为了便于读者理解，本文统称为"司法人员"。

（一）过去的制度：司法考试制度（1963—2017年）

韩国自1963年开始实施司法考试，到2017年止。在韩国的司法系统中，韩国法院及检察院等司法或法务机构中的高官主要是司法考试出身，韩国国会里司法考试出身的人员比例也达16%[①]（没有一个人是通过法学专业硕士制度成为议员）。由此可以看出由于现行的韩国法学专业硕士制度历史短暂，在韩国司法、法务、立法机构中高官大多是司法考试出身。韩国司法考试制度在每个年代的考核方法和具体内容上存在一些不同，为了能够客观地与韩国现行法学专业硕士制度进行比较，笔者选定了介绍2007—2008年（即韩国法学专业硕士制度开始之年）韩国司法考试制度的实施情况。

1973—2006年韩国司法考试对于报考资格没有进行限制，于是最高学历为高中的韩国前总统卢武铉也通过十年的刻苦学习通过了韩国司法考试。2004年开始，司法考试报考生要在国家认可的英语考试（如托福、托业等）中取得一定分数以上的成绩；2006年设定了报考资格的学分要求，即在本科阶段法学相关学科修满35分以上的学生才能报考司法考试。虽然报考的条件有了一些变化，但是司法考试的形式一直是三次考试以及韩国司法研修院为期两年的培训。韩国通过三次考试及在司法研修院培训的成绩来最终选拔韩国法官、检察官、律师。

表16-1为2005—2014年的每年韩国司法考试报考人员数量及最终通过人数。以2008年为例，参加报考第一次考试的总共有17829人，到最后通过第三次考试的仅有1005人。其通过率为5.63%。1963—2017年的韩国司法考试总共有71万人报考，最终通过该考试的只有20700人，整体通过率约为3%。[②] 从该数据

[①] https：//m.mt.co.kr/renew/view.html？no=20190905171076616136#_enliple，2020年1月19日。

[②] https：//www.ytn.co.kr/_ln/0103_201710111723230652，2020年1月19日。

可以看出，韩国司法考试有如下特征：一，通过率极低；二，考试次数较多；三，准备时间漫长（平均7—8年），备考、考过三次试还得通过两年的培训才能成为司法人员；四，"考试浪人"现象增加，国家没法充分利用从考试中被淘汰的预备司法人员中的青年人才；五，通过激烈竞争及多次考试的选拔，保障了司法人员的法律专业水平；六，在法律专业水平上得到了保障且其水平相当高，具有精英化选拔的特点，但是这样选拔出来的司法人员对非法学专业知识缺乏专业性，该问题一直以来成为韩国社会中待解决的难题。

表16-1　　　　2005—2014年韩国司法考试通过人数[①]

年度	第一次考试 报考人数	通过人数	分数线	第二次考试 报考人数	通过人数	分数线	第三次考试 报考人数	通过人数
2014	4696	471	266.69	1002	203	381.01	205	204
2013	6862	665	289.62	1456	305	379.17	308	306
2012	10306	1001	273.36	2164	502	369.84	509	506
2011	14449	1447	273.89	3313	706	385.80	714	707
2010	17028	1963	262.00	4104	800	340.22	822	814
2009	17972	2584	262.52	4399	1009	358.70	1019	997
2008	17829	2511	252.02	4877	1005	353.74	1015	1005
2007	18114	2808	256.00	5024	1008	355.00	1022	1011
2006	17290	2665	278.5	5007	1002	350.64	1002	994
2005	17642	2884	301.00	5038	1001	341.22	1001	1001

具体的考核内容以及培训内容如下。

1. 第一次考试（客观题）

韩国司法考试的第一次考试，每年2月开始进行。其主要考查方法为选择题，主要内容为：宪法、民法、刑法、法律任选。考试的时间为一天，共4个小时，总分350分。表16-2为第一

[①] https://m.blog.naver.com/PostView.nhn?blogId=for_my_blog&logNo=220224573091&proxyReferer=https%3A%2F%2Fwww.google.com%2F，2020年1月19日。

次司法考试的时间安排及其考查内容和分数占比。

表 16－2　　　　　　　　　韩国第一次司法考试安排

节课	时间	科目	
第一节	10:00—11:40（100 分钟）	宪法（40 道题/100 分）	法律任选（A、B 中类型择一）（25 道题/50 分）
第二节	13:20—14:30（70 分钟）	刑法（40 道题/100 分）	
第三节	15:30—16:40（70 分钟）	宪法（40 道题/100 分）	
法律任选	A 类型：国际法、劳动法、经济法、国际交易法 B 类型：法哲学、刑事政策、财税法、知识产权法		

2. 第二次考试（主观题）

韩国司法考试的第二次考试，于第一次考试结束后同年 6 月进行，通过第一次考试的考生只有两次报考第二次考试的机会，即首次参加第二次考试没能通过的，第二年还有机会，但也是最后一次报考的机会。第二次考试主要考查内容为：宪法、民法、刑法、商法、行政法、民事诉讼法、刑事诉讼法。考查形式为主观题。由于考查法律科目较多，第二次考试分 4 天进行。前三天的考试时间为 4 个小时，第四天考试时间为 3 个小时，即总考试时间 15 个小时。由于民法内容较多，在最后一天会分上午、下午考查民法的内容。第二次主观题考试的竞争率约为 1∶5，第二次考试的具体时间安排及各法域占比如表 16－3。

表 16－3　　　　　　　　　韩国第二次司法考试安排

天数	时间及科目	
	上午（10:00—12:00/120 分钟）	下午（14:00—16:00/120 分钟）
第一天	宪法（两道题/100 分）	行政法（两道题/100 分）
第二天	商法（两道题/100 分）	民事诉讼法（两道题/100 分）
第三天	刑法（两道题/100 分）	刑事诉讼法（两道题/100 分）

续表

天数	时间及科目	
	上午（10:00—12:00/120 分钟）	下午（14:00—16:00/120 分钟）
第四天	民法（一）（两道题/100 分）	民法（二）（一道题/50 分） （仅有民法（二）14:00—15:00/60 分钟）

3. 第三次考试（面试）

第三次考试为口试，韩国司法考试的第三次考试的最大的特征就是淘汰率极低，每年10个人左右被淘汰。在面试中要是面试官认为该考生存在问题，会增加一次深层面试再次筛选考生。如在第三次面试中被淘汰，考生到第二年还能再报考第三次面试，不需要重新报考第一次和第二次考试。韩国司法考试的主要挑战在于第一次和第二次考试，尤其第二次考试难度较大，考查内容较多，考试时间最长。

4. 司法研修院（以 2008—2009 年情况为例）

在过去，通过上述三次考试的学生并不是直接被授予司法人员资格，通过司法考试仅是赋予考生进入司法研修院受培训的资格。按照司法研修院要求的培养方案，完成培训的学生依据在司法研修院的成绩排序最终成为法官、检察官或者律师。

司法研修院是韩国大法院旗下的司法培训组织，通过三次司法考试被录取司法研修院的学生，其身份地位等同于韩国国家公务员体系中的五级公务员，[①] 在两年学习期间司法研修院给考生总共发放 2000 万韩元（相当于人民币 11 万元左右）奖助，考生作为准公务员身份还要履行公务员的义务（不能加入政党、不能兼职等）。生活上，司法研修院给学生提供免费的教学及住宿等设施。培训的内容上，学生在四个学期内总共要完成 60 学分，其主要内容为法律基本知识、法律职业伦理、法律专门知识、实物

[①] 韩国的公务员等级主要分为一级到九级，五级公务员在行政体系里等同于考过外交官考试的韩国外交官。

技能等，在受培训期间也有到法院、检察院以及律师事务所实习的机会。

第一学期主要修必修课，如编写民事和刑事诉状、判决书和其他的书面诉讼材料，以及与此相关的实务知识。除此之外，还要参加75小时的社会服务活动，在市政厅、残疾福利院等公共机关或公益机构进行劳动服务和法律咨询服务。

第二学期主要学习分析复杂案件的方法，并要学会得出适当的结论。还有，在实务基础课上要学会掌握写赔偿诉状和保全诉状等法律实务技能。

第三学期以实习为主，每两个月分别于法院、检察厅、律师事务所进行实习，共为6个月。通过实习，不仅要掌握理论和实践之间的关系及方法，而且可以亲身体验在现行制度下，法官、检察官和律师在实务中的角色以及作用。在实务上，要掌握编写诉状、判决书和准备各种诉讼材料的能力，还要旁听庭审过程、参加检察厅的专门调查、从事作为辩护人的法律工作等。

在最后的第四学期时，研修生巩固曾经学过的内容，由研修院教授对此进行评价。教师团在评价内容的基础上，为研修生提供指导服务，帮助研修生在法官、检察官、律师三种职业中选择适合自己的职业。之后，研修生要进行最后一次考试，共五门，一门要考8个小时，总共要考40个小时。考试课程分别为民事裁判实务、刑事裁判实务、检察实务、民事辩护律师实务、刑事辩护律师实务。考试的成绩决定考生是否能够成为法官或检察官。假设一届研修院学生有1000人，其中最后毕业成绩居于前250名的学生才有可能成为韩国的法官或检察官，其余考生只要达到培养方案的要求都会获取律师执业资格证。

（二）现行的制度：韩国法学专业硕士制度（自2009年起实施）

过去的司法考试机制虽然培育出了很多精英司法人员且保障了司法人员的高专业水平，但导致了韩国"考试浪人"等国家没法充分利用人才的现象。除此之外，随着社会和科技的发展，国内外的法律需求与日俱增，传统法学也面临着一些挑战，知识产权法、环境法、经济法、证券法以及智能时代下的信息数据法等这些新的法域诞生之后，韩国法律界对多元化背景下的司法人员有了很大的需求。在曾经的选拔机制上通过司法考试的司法人员绝大部分都是法学专业出身或只学过法律，很少从事过其他领域或有其他专业背景。在原有的机制下，通过刻苦学习最终成为法官或检察官的接近30岁的考生，大部分缺乏其他社会工作经历以及对非法学专业的了解。

专利纠纷、环境污染、生物医药纠纷、艺术作品侵权等领域对司法人员在非法学专业的了解程度要求越来越高。为了更多背景的人们参与法律界、从事法务工作，也为了使"考试浪人"得到更多的机会，韩国于2009年开始实施类似美国"法学专业博士"（Law School, Juris Doctor Degree）式的法学专业硕士制度。

实施该专业硕士制度后，韩国废除了本科阶段的法学教育，将法学教育放到法学专业硕士阶段中，目前有25所学校由国家审批正式开设法专业硕士学位。该学位如美国一样要求三年的学习时间，通过该学位的毕业考核才能参加律师执业资格考试。通过律师执业资格考试的学生才能有资格再报考国家检察官选拔考试（在读生可以在律师考试前报考检察官选拔考试，但是律师考试必须要通过），以及取得法官选拔考试的机会。不过在法官的选拔上，现有的制度要求具备十年以上的法律工作经历，即通过律师职业资格考试后，还要具备十年以上的司法工作经历的才能资格报考韩国法官资格考试；对于检察官没有工作经历要求；对于想成为律师的学生要求通过律师考试之后经历半年的实习期。图16-1直观地比较了现行制度与过去制度。

2012年，在该制度实施的韩国首届律师职业资格证考试中，通过率达 87.2%，到 2019 年其通过率逐步下降到 50.8%。该数据揭示被录取法学专业硕士的学生在最后律师职业资格考试中能够通过的概率至少有 50%。

目前的制度上，具体招生人员和律师考试的通过人员的比例如何进行调整依然是韩国法律亟待解决的问题，新的制度是否能解决"考试浪人"问题也经常受到质疑，不过该制度切实推进了韩国法律界的多元化，使不同背景、不同专业的学生们得到进入法律界、从事司法或法务业务的机会。

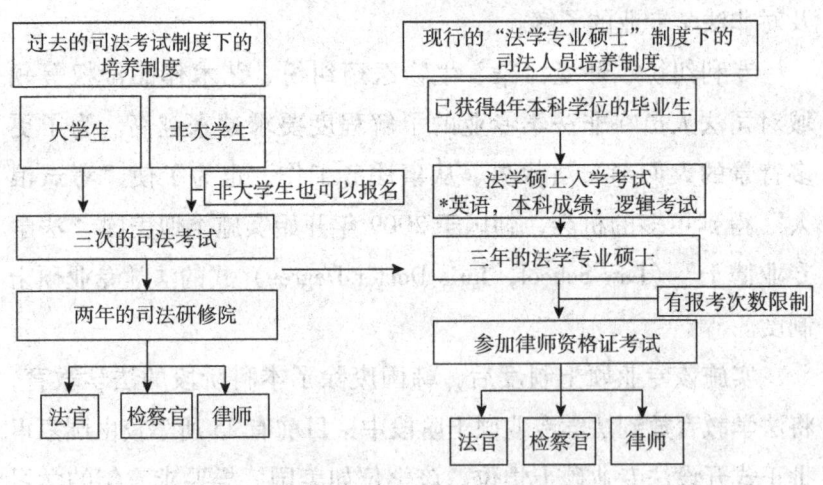

图 16-1 韩国过去与现行司法人员培养制度的比较[①]

三 中国司法人员的培养制度（以 2018 年新制度为例）

中国近几年对司法考试进行改革，自 2018 年起实施的国家统一法律职业资格考试的前身是国家司法考试，与过去的要求相比发生了变化，本文以自 2018 年开始实施的国家统一法律职业资格考试为例，介绍中国现行的司法人员培养制度。

---

① 参见韩国《中央日报》，https://news.joins.com/article/2802576，2020 年 1 月 19 日。

大体上来讲，无论在中国想成为法官、检察官、律师、公证员、法律顾问、仲裁员（法律类）还是想在政府部门中从事行政处罚决定审核、行政复议、行政裁决的人员，都必须通过法律职业资格考试。[①]想成为法官、检察官及政府部门中从事法务或司法业务的人不仅要通过律师职业资格考试，还得通过国家公务员考试或地方公务员考试，才能成为从事国家机关工作的司法人员。除此之外，还得在申请的国家工作单位内再次进行内部选拔考试，通过该考试才能最终成功入职。总而言之，无论从事国家机关工作还是从事民间法律事务单位工作，都要通过国家统一法律职业资格考试。下文主要介绍中国国家统一法律职业资格考试的申请条件、考试内容以及往年考试通过情况。

（一）国家统一法律职业资格考试申请条件（自2018年起）

中国的《国家统一法律职业资格考试实施办法》第九条规定了申请条件："（一）具有中华人民共和国国籍；（二）拥护中华人民共和国宪法，享有选举权和被选举权；（三）具有良好的政治、业务素质和道德品行；（四）具有完全民事行为能力；（五）具备全日制普通高等学校法学类本科学历并获得学士及以上学位；全日制普通高等学校非法学类本科及以上学历，并获得法律硕士、法学硕士及以上学位；全日制普通高等学校非法学类本科及以上学历并获得相应学位且从事法律工作满三年。"除此之外，符合《香港特别行政区和澳门特别行政区居民参加国家司法考试若干规定》和《台湾居民参加国家司法考试若干规定》的香港、澳门和台湾居民也可以参加国家法律职业资格考试。但是中国目前没有给予外籍人员参加考试的资格。

《国家统一法律职业资格考试实施办法》第二十二条规定："本办法实施前已取得学籍（考籍）或者已取得相应学历的高等

[①] 参见《中华人民共和国法官法》《中华人民共和国检察官法》《中华人民共和国律师法》《中华人民共和国公证法》《国家统一法律职业资格考试实施办法》。

学校法学类专业本科及以上学历毕业生，或者高等学校非法学类专业本科及以上学历毕业生并具有法律专业知识的，可以报名参加国家统一法律职业资格考试。"这条规定保证了该法实施前已入学的普通高等学校第二年度的应届本科毕业生可以报名参加考试，即大三在校生可以参加考试，且普通高等学校应届本科毕业生可以报名参加国家司法考试。

各省、自治区、直辖市所辖自治县（旗），各自治区所辖县（旗），各自治州所辖县；国务院审批确定的十四个集中连片特殊困难地区所辖县（县级市、区）和国家扶贫开发工作重点县（县级市、区）；山西、安徽、江西、河南、湖北、湖南等中部六省比照实施西部大开发有关政策的县（包括国家或者省级扶贫开发工作重点的县级市、区）；内蒙古、广西、四川、贵州、云南、甘肃、青海、宁夏、新疆等西部九省、自治区所辖县（县级市、区）；重庆、陕西省（市）所辖县（包括省级扶贫开发工作重点县级市、区和享受民族自治地方政策的县级市、区）；西藏自治区所辖市、地区、县、县级市、市辖区，可以将报名学历条件放宽为高等学校法律专业专科学历。放宽报名学历条件的适用于以报名人员报名时户籍为准，报名时户籍在放宽报名学历条件地方的，可以申请享受放宽政策。

（二）国家统一法律职业资格考试内容

现行的法律职业资格考试主要分为两次考试，首先考的是客观题，通过客观题考试的学生才有资格参加接下来的主观题考试。主观题考试一般在每年10月进行，客观题考试和主观题考试中间相差一个月左右。客观题考试共两卷，分为试卷一、试卷二，每张试卷有100道试题，分值为150分，其中单项选择题50题、每题1分，多项选择题和不定项选择题共50题、每题2分，两张试卷总分为300分。具体考查科目为：试卷一：中国特色社会主义法治理论、法理学、宪法、中国法律史、国际法、司法制度和法律职业道德、刑法、刑事诉讼法、行政法与行政诉讼法；试卷二：民法、知识产权法、商法、经济法、环境资源法、劳动与社会保障法、国际私法、国际经济法、民事诉讼法（含仲裁制度）。通常从上午8：30—11：30进行试卷一的考试，下午14：00—17：00进行试卷二的考试。①

通过上述客观题考试的考生，才有资格参加第二个月的主观题考试，主观题考试为一卷，包括案例分析题、法律文书题、论述题等题型，分值为180分。具体考查科目为：中国特色社会主义法治理论、法理学、宪法、刑法、刑事诉讼法、民法、商法、民事诉讼法（含仲裁制度）、行政法与行政诉讼法、司法制度和法律职业道德。主观题考试设置选作题，应试人员可选择其一作答。其考试时间为8：30—12：30，共240分钟。②

（三）国家统一法律职业资格证的类别

中国由于土地辽阔，有很多少数民族自治州，有些地方需要使用当地少数民族语言去写法律文书等，考虑到这种特殊性，中国实行三个类别的律师职业资格，主要分为：A、B、C类型。③

在本文上述介绍申请条件内容中符合《国家统一法律职业资格考试实施办法》第九条、第二十二条规定的报名专业学历条件的人员，考试成绩达到全国统一合格分数线的，授予A类法律职业资格，颁发A类法律职业资格证书。由于韩国与美国都没有其他类别的法律职业证书，从对外角度上来讲，中国的A类型职业资格等同于在其他国家所谓的一般法律职业资格证。

---

① 参见《中华人民共和国司法部关于2019年国家统一法律职业资格考试的公告》第5号。

② 参见《中华人民共和国司法部关于2019年国家统一法律职业资格考试的公告》第5号。

③ 根据《法律职业资格管理办法（征求意见稿）》第十二条的规定，法律职业资格实行分别管理，依据报名专业学历条件、考试合格标准等将法律职业资格证书分为三类。

第四部分 法律

　　属于《国家统一法律职业资格考试实施办法》第二十三条[①]规定的放宽报名专业学历条件、申请享受放宽政策的人员，考试成绩达到全国统一合格分数线的，授予B类法律职业资格，颁发B类法律职业资格证书；该类型适用于属于放宽报名学历条件地区，且报名学历为法律专业专科，考试成绩符合条件的应试人员。国家司法考试放宽报名学历条件，主要是依据《法官法》、《检察官法》和《律师法》中有关适用本科学历条件确有困难的地区，可以将任职、执业学历放宽为法律专业专科学历的规定而采取的措施。因此，符合放宽报名学历条件、考试合格的人员，按照法律这一特别规定的精神，应当在放宽地区任职或申请执业，以满足该地区法律职业人才的需求和补充，这也是立法允许在这些地区放宽报名学历条件的初衷。至于放宽报名学历条件人员获得法律职业资格后，又取得本科以上学历的，其任职和申请执业选择，应由所在的法院、检察院系统和律师管理部门规定并掌握。

　　申请享受放宽政策人员，考试成绩达到放宽条件地区合格分数线的，授予C类法律职业资格，颁发C类法律职业资格证书。使用民族语言文字参加考试并取得合格成绩的，应当在其取得的法律职业资格证书上注明所使用的民族语言语种。C类型适用于属于放宽报名学历条件地区、考试成绩达到放宽地区合格分数线的应试人员，以及在民族地区，确需使用少数民族语言进行诉讼而得到照顾的以民族语言文字应试的人员。此类人员包括报名学历为法律专业专科和大学本科以上两种情况。之所以对这些地区的应试人员实行合格分数线放宽，也只是为了满足该地区法律职

[①] 第二十三条：国家统一法律职业资格考试的实施，可以在一定时期内，对艰苦边远和少数民族地区的应试人员，在报名学历条件、考试合格标准等方面适当放宽，对其取得的法律职业资格实行分别管理，具体办法由国家统一法律职业资格考试协调委员会确定。在民族自治地方组织国家统一法律职业资格考试，应试人员可以使用民族语言文字进行考试。

业人才的需求和补充，因此，取得此类证书的人员应当在放宽地区任职和执业。

（四）国家统一法律职业资格考试通过率

考试的通过率是反映考试难度的标准之一，为了和韩国过去的司法考试通过率进行比较，表16-4汇总了2002—2016年中国司法考试的通过率。

可以看出，从2011年到2016年中国每年的法律职业资格考试的通过率均为10%，往届最高通过率为2008年的25%，由于中国司法部2016年没有做出官方的通过率统计，表16-4引自百度百科上的资料，仅作为一个参考，不一定是准确统计。不过，与韩国过去的司法考试相比，中国的通过率普遍很高；与现行的韩国法律硕士专业制度进行比较，中国的通过率很低。考试通过率的高低能否保证法律专业水平，接下来要继续展开讨论。

表16-4　　2002—2016年的中国司法考试通过率①

年份	合格分数线	放宽地区分数线	通过率
2002	240		6.68%
2003	240	—	10.18%
2004	360	335	11.22%
2005	360	330	14.39%
2006	360	325	15.00%
2007	360	320	22.39%
2008	360	315	约25.00%
2009	360	315	约22%
2010	360	315	约16%
2011	360	315	约10%

---

① 参见 https：//baike.baidu.com/item/%E5%9B%BD%E5%AE%B6%E7%BB%9F%E4%B8%80%E6%B3%95%E5%BE%8B%E8%81%8C%E4%B8%9A%E8%B5%84%E6%A0%BC%E8%80%83%E8%AF%95/22888343?fromtitle=%E5%8F%B8%E6%B3%95%E8%80%83%E8%AF%95&fromid=484734&fr=aladdin，2020年1月20日。

续表

年份	合格分数线	放宽地区分数线	通过率
2012	360	315	约10%
2013	360	315	约10%
2014	360	315	约10%
2015	360	315	约10%
2016	360	315	约10%

四 韩中司法人员培养机制的比较分析

（一）韩中司法人员选拔考试的通过率

从表16-4可以看出中国司考和法考通过率基本都超过10%，且最高通过率为25%。本文中的图16-1也介绍了韩国过去司法考试制度下的通过率，平均为3%。韩国现行的法学专业硕士制度下的通过率如表16-5。

表16-5　　　　　韩国每年律师考试的通过率[①]

韩国每年律师考试的通过率（2012年至今）			
历届考试	报考人	通过人	通过率（百分比）	通过分数线（1660分满分）
第一届（2012）	1665	1451	87.14	720.46分
第二届（2013）	2046	1538	75.17	762.03分
第三届（2014）	2292	1550	67.62	793.70分
第四届（2015）	2561	1565	61.10	838.50分
第五届（2016）	2864	1581	55.20	862.37分
第六届（2017）	3110	1600	51.44	889.91分
第七届（2018）	3240	1599	49.35	881.90分
第八届（2019）	3330	1691	50.78	905.55分

可以看出，从2012年开始的韩国律师考试每年通过率大部分

---

① 参见韩国法务部网站，http://www.moj.go.kr/moj/440/subview.do，2020年1月20日。

超过50%，第一届考试的通过率甚至达到87%。这个数据显示韩国改革后的律师考试与过去的司法考试相比之下变得更加容易。但是值得注意的是，仅有25所韩国大学招收法律专业硕士，且其招生人数是由法律规定的①，目前25所大学加起来总共只能招2000名法学专业硕士生，且图16-6证明每年律师考试通过人数为1500人左右。每年在韩国有1万多名学生报考法学专业硕士，其入学竞争为5∶1。② 在这样的机制下参加韩国律师资格考试的学生，本身已经过了相当激烈的竞争才获取一定资格，且通过三年的理论和实务培训最终参加律师考试。于是仅仅通过表面上超过50%的通过率来判断韩国现行的司法人员培养制度的难度缺乏客观性，还需要考虑每年累计的重考生数量。总而言之，通过上述比较可以发现，过去韩国司法考试的通过率极低，中国过去司考和现行法考也都保持在10%上下的通过率；现行的韩国法学专业硕士制度下的律师考试通过率从一开始的87%已经下降到50%。这些数据表明两国司法人员的培养注重专业水平的提高，优中选优的趋势很明显，考试的难度较高，竞争相当激烈。最后有必要考虑的因素是，在韩中两国出生率逐步下降的趋势下，人口老龄化问题也在加重，劳动人口也在不断减少。对司法人员数量与社会资源分配和法律市场上的需求进行衡量，在一个国家在未来究竟需要多少司法人员的问题上，韩中共同面临着难题。

（二）考试课程的内容、形式及时间安排

中国国家统一法律资格考试的内容和安排见表16-6，同时表16-7汇总了韩国现行的律师考试的考试内容及时间安排。通过比较可以了解韩中两国在司法人员培养的考试要求具体存在什么样的不同。

---

① 参见韩国《关于法学专业硕士大学院的设置与管理的法律》规定。
② 参见韩国法律专业硕士大学院协议会，http：//info. leet. or. kr/board/board. htm? bbsid = exam，2020年1月20日。

第四部分 法律

表16-6　　　　　　　中国国家统一法律职业资格考试安排

时间	中国国家统一法律职业资格考试 客观题考试（一般9月进行）
08：30—11：30 （三个小时） （150分）	试卷一 中国特色社会主义法治理论、法理学、宪法、中国法律史、国际法、司法制度和法律职业道德、刑法、刑事诉讼法、行政法与行政诉讼法
14：00—7：00 （三个小时） （150分）	试卷二 民法、知识产权法、商法、经济法、环境资源法、劳动与社会保障法、国际私法、国际经济法、民事诉讼法（含仲裁制度）
时间	中国国家统一法律职业资格考试 主观题考试（一般10月进行）
08：30—2：30 （四个小时） （180分）	案例分析、法律文书、论述题 中国特色社会主义法治理论、法理学、宪法、刑法、刑事诉讼法、民法、商法、民事诉讼法（含仲裁制度）、行政法与行政诉讼法、司法制度和法律职业道德。

　　表16-6说明了中国现行的法考的考试内容及时间安排。时间上，法考的时间总共要求10个小时，共进行一天半的考试。考试科目的内容上，要求的科目有18门（以客观题为例），公法和私法被分为试卷一和试卷二，分开各安排半天进行。最后的主观题考试上仅有4个小时，相当于半天的时间，考查的科目也只有10门。虽然考试时间相对短，但是考查的内容较为广泛，且法治理论、法律史等课程在英美法国家和韩国司法人员培养考试中基本不会出现。这也是与中国相比一个很大的不同。

　　现行的韩国律师考试的安排如表16-7，考试的时间共为5天（其中一天为休息），主要考查的法律科目为：宪法、行政法、刑法、民法、商法以及诉讼法。国际法、国际交易法、劳动法、财税法、知识产权法、经济法以及环境法课程被列为任选科目，考生在其中选择一门课程进行报考即可。从考查的内容上来看，韩国所规定的任选科目在中国法考中都是必考的内容。韩国的律师考试更侧重传统法学科。从考试的时间上比较，韩国的考试时间比中国的长两倍多,且其主观题和客观题的考查内容比中国的内容多。韩国的律师考试满分为1660分,不过其通过分数线(表16-5)通常在890分上下。可以看出,韩国的司法考试和现行的律师考试,考试的内容比中国更多,时间安排更长,并且有着注重传统法的特征。

表16-7　　　　　　　韩国律师考试安排①

考试天数	科目	韩国律师考试(毕业于法律专业硕士的学生才能报考)				
^	^	上午		下午	
^	^	时间	类型	时间	类型
第一天	公法（宪法、行政法）	10:00—11:10	客观题（100分）	13:00—15:00	案例分析（200分）
^	^	^	^	16:00—18:00	论述题（100分）
第二天	刑事法（刑法、刑诉）	10:00—11:10	客观题（100分）	3:00—15:00	案例分析（200分）
^	^	^	^	16:00—18:00	论述题（100分）
第三天	休息				
第四天	民事法（民法、商法、民诉）	10:00—12:00	客观题（175分）	14:00—17:00	论述题（175分）
第五天	民事法（民法、商法、民诉）	10:00—13:30	案例分析（350分）	16:00—18:00	任选科目（案例分析）（160分）

（三）对司法人员工作经历要求

在本文中笔者主要把司法人员分为法官、检察官和律师来展开进行韩中之间的比较。首先以法官为例,在韩国想成为法官,

---

① 参见韩国法务部律师考试网站, http：//www.moj.go.kr/moj/380/subview.do? enc = Zm5jdDF8QEB8JTJGYmJzJTJGbW9qJTJGMTM1JTJGNTEwNTc2JTJGYXJ0Y2xWV3LmRvJTNGcGFzc3dvcmQlM0QlQlJzZ3NCZ25kZVN0ciUzRCUyNnNjJTNEJTI2c2VhcmNoVHlwZSUzRCUyNnNyY2hGcmQlM0QlMjZwYXNzd29yZCUzRCUyNg3D%3D, 2020 年 1 月 20 日。

先要通过律师考试,还要累计十年以上从事法务或司法相关工作(律师或检察官工作经历十年以上)才能有资格参加法官选拔考试,该选拔考试包括一次笔试和三次面试。① 韩国法官的选拔上明确要求一定的司法(法务)工作经历期限。在中国目前则没有明确要求一定法务工作经历期限,只要通过国家统一法律职业考试且通过国家公务员考试(此时需要申请具体管辖内的职位),再通过法院系统内部的选拔考试,最终就能够成为法官。

其次看检察官,韩国的在读法学专业硕士生想成为检察官,每届研究生第三年的秋季有一次检察官选拔考试,先要通过该考试,然后再参加第二年1月的律师考试(韩国一般于12月结束所有研三的课程),通过上述两个考试,再加上一年在法务研修院的培训就可以成为检察官,不要求司法或法务相关的工作经历。韩国检察系统里不存在检察官助理,高级、一级检察官等称号,只有检察总长和检察官称号,也就是说哪怕是刚入职第一年的检察官和工作二十年的检察官都被称为检察官,除检察总长外,没有在检察官级别上作区分。在中国想成为检察官,与法官的程序类似,都要通过法考、公务员考试以及最终申请职位的单位内部的选拔,才能够最终成为检察官。在中国检察官的级别分为四等十二级。

最后以律师为例,在韩国通过律师考试和律师职业伦理考试的学生,在律师事务所实习半年以上才能获取韩国律师协会颁发的律师执业资格证。在中国想成为律师,通过法考且在律师事务所实习满一年后可以申请律师执业证书。对实习时间的要求是韩中两国最大的不同,韩国要求半年的实习时间,中国则要求一年。

(四)对考试的次数限制

韩国的《律师考试法》的第七条第一项规定了律师考试次数的限制,其规定内容为"自获取法学专业硕士学位起5年内只能

---

① 参见韩国法院网关于法官选拔说明,https://judges.scourt.go.kr/appjudge/intro/Generaljudge.work,2020年1月20日。

参加5次律师考试",通过该条限制了律师考试的考试次数。中国目前的法考在考试次数的限制上没有明文规定。

(五) 法学专业硕士制度概念

现行的韩国法学专业硕士学位是考律师考试的必要条件,没有其他渠道可以获得参加韩国律师考试的资格。学生先要经历四年的大学本科学习（以非法学本科为主）以及三年的法学硕士专业学习才能有资格参加律师考试。在中国无论是法学本科学位,还是法学硕士学位或非法学学位但却从事法律工作满三年的人,都有资格参加国家统一法律职业资格考试。综上所述,在韩国法学专业硕士是唯一必要前提；中国在申请的条件上更加多样。

五 结语

韩中两国作为大陆法系国家,存在着不同的国家司法人员选拔模式。韩国从2018年开始采取英美法模式的司法人员培养制度,中国则始终通过"司法考试"来选拔司法人员。综合来看,韩国的司法人员培养制度侧重点在"培养",中国的司法人员培养制度侧重点在"选拔"。作为国家的法治主体的司法人员,其专业水平以及整体文化素养水平影响着一个国家法治的水平。加强考试的难度或降低考试通过率是否能培养既能保障法律专业水平、又能保障其他专业水平的司法人员是个要继续探讨的问题。此外,在社会人口结构变化的时代,未来究竟需要多少司法人员、为此要培养出多少司法人员等问题,需要结合法律市场需求和社会资源分配考虑。

比较韩中两国韩中司法人员的培养制度,可以发现一个规律：一是,仅通过一个考试的通过率来判断其难度缺乏一定客观性；二是,考试的难度和通过率的高低是否能保障新时代下的司法人员的多元背景需要法学界继续探讨；三是,成为司法人员要求一定工作经历，韩中两国对通过法律职业考试的考生都要求一定期限的实习期；四是，法考是否需要设定考试的次数限制还需探讨；五是，在大陆法系国家移植英美法制度是否能够得到人们的支持还有待发掘分析。

　　总体来说，韩中两国往来与日俱增，在法律领域的交流越来越紧密，韩中法律市场也在不断扩大。但两国法官、检察官、律师等司法人员的培养和选拔机制有较大差别，了解韩中两国司法人员的经历、了解司法人员的培养机制有助于提高两国法律界的理解，由此能够加强两国在法律事务上的合作关系。

后记　跨国融合式课程的创新探索
——基于清华大学"中韩对话"课程建设的经验[*]

曹书乐

一　"中韩对话"：一门创新性跨国融合式课程

清华大学跨文化传播课程"中韩对话"（Global Communication Cross-cultural Explorations in East Asia）创办于2012年，在清华大学本校学生线下选课的同时，引入海外高校学生在线同上一门课。两校师生每周一次视频连线，以英文为主要授课与学习的语言，通过多屏进行线下、线上的融合式互动。

这门课程起源于清华大学新闻与传播学院与韩国首尔国立大学亚洲中心的合作，每年开设一次，每次有20名以内的清华大学学生和30名左右的首尔国立大学学生选课。因清华大学与首尔国立大学均重视国际化办学，两校有大量国际生和国际交换生就读，因此"中韩对话"历年选课学生的国籍不仅包括中国和韩国，还有英国、美国、加拿大、德国、荷兰等，是名副其实的跨国融合式创新课程。

本课程因在教学内容、教学方式和教学技术手段上的创新，

---

[*] 原载于《教育传媒研究》2023年第4期。

后记　跨国融合式课程的创新探索

成为一门特色课程，得到学生的好评，也迎来了很多高光时刻。大韩民国两位前驻华大使权宁世先生和卢英敏先生均应邀来访清华大学的课堂，给同学们授课。卢英敏先生表示，这两所高校分别是中、韩两国最为顶尖的大学，培养出了很多杰出人才，能够搭建起这样的合作课堂，促进相互交流，具有现实意义和推广价值。

新华网对该课程进行过题为《"中韩对话"课程让跨文化沟通零距离》的特写报道，认为"一场远程视频连线将中韩两国高校学子的沟通距离缩短为零"。①该课程在2017年教育部组织的清华大学本科教学评估中获得好评。两位国际专家——美国UC伯克利前校长杜宁凯和英国伦敦大学教育研究院院长麦卡洛克选中该课，进行了听课，随后对该课程的内容和形式予以了充分的肯定。这一课程形式中的诸多元素也随后在清华大学的其他课程创新和设计中得到了应用。

近年来，各大高校的传媒教育均锐意创新，如中国传媒大学通过在课堂上讲好中国故事，让来华留学的外国学生亲身感受中国故事，完成有效的跨文化传播。②也有学者分析了他山之石——弗吉尼亚大学的媒介研究教学，对其实践进行实地考察，阐明其以泛媒介、媒介实践与全球媒介观开展教学设计的经验。③更有学者提出，新文科背景下，"跨界"是核心理念，"融通"是一种人才培养的路径。④

笔者是该课程中任教时间最长的中方责任导师，基于该课程

---

① 《特写："中韩对话"课程让跨文化沟通零距离》，新华网，http：//news.xinhuanet.com/world/2013-10/22/c_117818749.htm，2013年10月22日。
② 吴辉：《跨媒介、跨文化传播："改编"课堂讲好中国故事初探》，《教育传媒研究》2021年第6期。
③ 陈阳：《传媒教育的"新媒介转向"再思考》，《教育传媒研究》2022年第5期。
④ 燕道成、蒋雪发：《"跨界"与"融通"：新文科背景下网络与新媒体专业人才培养的核心理念》，《教育传媒研究》2021年第3期。

8年的教学经验，旨在通过本文对该创新性课程的多年实践心得加以分析，总结这一创新性教学方式的优点与经验，包括如何整合各类资源、如何构建全球本土化课堂、如何促进多元文化碰撞，也将分析这类课堂在技术上的挑战与难点，包括网络、音视频连接的技术要素，以及如何通过多屏的现场操作优化交流的现场感。希望这些经验可以供高校同行参考，推动传播教育的发展。

二　课程技术手段创新：营造有沉浸感的互动空间

"中韩对话"课程旨在让拥有不同文化历史背景的学生进行深入的沟通交流，加深对"他文化"的理解，提升对自身文化的认识和反思能力，并培养跨文化比较的研究能力和跨文化传播的实践能力。为达到好的教学效果，就需要双方学生能在课堂上进行有沉浸感的互动。

在一个通过连线实现课堂互联的课程中，音视频如何流畅互通、学生如何进行有效的实时互动，成为需要攻克的重要技术难点。这也是这门课的创新首先需要突破的环节。

（一）技术突破：采用企业级视频会议硬件及解决方案

近年来，因需要在新冠期间展开工作和学习，各高校普遍采用腾讯会议和 zoom 会议（清华大学还有自己开发的"雨课堂"）进行线上教学。但在"中韩对话"创办之初的 2012 年，还很少有大学能够在技术上实现这样的要求。与我们合作的首尔国立大学是韩国的顶尖高校，当时只有一间会议室符合技术条件。当时的清华大学也只有一两处空间可以提供和国外高校进行视频会议的硬件设备，但需要不菲的租金。

面对这一挑战，清华大学新闻与传播学院提供了大力的硬件支持，将院馆的会议室改造成可以容纳"中韩对话"课程的空

后记　跨国融合式课程的创新探索

间。学院技术支持团队采用了在传统企业视频会议领域内使用的龙头宝利通（Polycom）的整套硬件及解决方案，提升了课堂效果。

1. 摄像头宽视角、可变焦

这样的摄像头可以保证双方既能展示各自课堂的全貌，包括课堂的背景、教师和全体学生，也可以给讲课的老师和正在发言的同学以特写。特写镜头能够让远在异国他乡的另一个课堂中的学生看清和记住发言者的样貌，增进亲切感。特写镜头，而非全景中一个说话的身影，也有助于看屏幕的同学专注于此人的发言，而非其他无关信息，提升聆听的效率。这样的摄像头特点兼顾了课堂整体氛围展示和发言沟通的需要。

2. 拾音系统使用麦克风阵列而非指向性麦克风

采用非指向性的拾音系统使得收声系统可以从课程伊始便固定在桌面上，无须移动。拾音系统在课堂上不太有存在感，也因此几乎不干扰正常的上课进程。老师和同学、同学和同学的交替发言无须考虑摆放或传递麦克风，发言往往脱口而出，讨论更踊跃积极，也更有互动性，课堂风格整体自然、随意、交互多，符合鼓励讨论和交流的课堂设计。

3. 屏幕显示使用分屏方式

共有两块大屏幕，一块屏幕展示发言者的 PPT，两校同学均能实时看到，另一块屏幕展示对方的课堂环境，在课堂全景、发言者特写、邻座或小组发言的中近景中切换。双屏分屏显示，使得发言信息和发言者的音容笑貌得到同时传递，增加了两校同学的现场参与感。

通过以上方式，我们有效完成了课堂的音视频流畅传递和两校同学的实时互动，使课程的高质量开发和实施成为可能。

（二）应对技术挑战：带宽、兼容性、稳定性、成本

在 21 世纪伊始的网络环境下，这一音视频系统基本满足了

后记　跨国融合式课程的创新探索

"中韩对话"跨文化交流课的课堂需求。但随着课程的推进，一些问题在实践中暴露出来。

在过去较差的网络环境下，要实现实时音视频直播需要耗费大量带宽资源。即使是并联使用了四条线路的情况下，视频也只有480p的清晰度，并且由于宝利通设备和PC端系统的兼容性问题，导致未更新到Windows 7的中国课堂无法直播对方的PPT。而高校校园网本身的不稳定会造成卡顿，为实现两个课堂"无缝交流"的理想增加了障碍。

为此，在学院的支持下，课堂升级了视频会议系统，使用Group 550方案，使得视频清晰度可以达到1080p，且能够实时展现双方课堂在电脑上的操作，同时构建了更好的网络环境支持课堂的音视频共享。智能摄像头的加入也帮助课堂进行更加生动的展示。尤其是在助教的辅助操作下，甚至可以通过较为丰富的镜头语言做出类似"电视直播"的效果，提升了双方课堂上同学的交流深度。当然，这样的系统是需要较高成本的，这些成本体现在课堂的各个方面。

首先是经济成本。宝利通的设备和能够支持这些设备的网络环境都价格不菲。在使用环境上，要有采光良好的中型会议室，才能让摄像头有较好的发挥空间，这就让整个课堂的成本提升了。宝利通作为国际品牌，在双方的设备上予以了协作支持。两校的相关院系也都给予了充分的支持。

其次是维护成本。需要技术人员对这一较为复杂的设备进行维护和升级，也需要在课堂进行中，随时待命解决技术问题。也需要助教熟练操作设备、切换镜头，实现较好的课堂互动效果。这也有赖两校相关技术支持团队的责任心与付出。

因为清华大学和首尔国立大学均重视这门课程的建设，因此在诸多方面给予了支持，但是这也使得这一形式的适用性因校而异。

三 课程教学内容与方式创新：理论与实践并重的跨文化比较教学

（一）教学团队：两校教师与助教通力合作

因涉及两校合作上课，需要一个更为特殊的教学团队，包括双方的课程责任导师和双方助教。

首尔国立大学的课程导师为姜明求（Kang Myung Koo）教授，韩国著名文化研究学者、首尔国立大学亚洲研究所前所长。清华大学的课程导师曾为史安斌教授和郭镇之教授，后参与协同教学，转而由笔者担任责任导师。清华方教授的研究专长也包括文化研究和跨文化传播。这样双方教授在教学内容上能形成较为一致的意见，对学生学习情况的评估意见也能比较接近。

"东亚地区的大学间交流频繁，但学生之间的交流十分有限，我希望把学生间交流常态化，这是开设课程的首要目标；第二则是希望学生通过上课避免'自我中心主义'，通过对'他文化'的理解，来反观自身文化，从而加深对自己的认识。"韩方课程负责人姜明求教授曾这样解释课程的初衷。

而笔者也曾在接受采访中表示，在六年来的教学过程中，一直在思考如何让学生更多、更深入地开展跨文化沟通，以增进他们对社会现实的理解，并促进更有质量的学术研究。

在课堂上，老师的授课和同学的发言都以英语进行；当邀请嘉宾讲座时，嘉宾往往使用本国语言，即中文或韩语。在未配备同声传译的课堂中，这需要助教具备实时翻译能力，协助确保课堂教学进展顺利。因此，双方助教一般都熟练掌握中、英、韩三语，能够良好快速地和各方达成沟通协调。有意思的是，在清华的几任助教中，大部分是十分了解中国文化的韩国留学生。而在首尔国立大学的几任助教，则都是在韩国留学多年的中国学生。两校助教的选择十分重要，他们也在课程实践中扮演了重要角色。

该课堂的教学组织需要教学团队的全程高度参与，课堂协作所涉及的沟通和协作成本也是较高的。

（二）课程组织形式：讲座、讨论与合作研究

在"中韩对话"中，学生通过听讲座、分享文化体验、分组做研究，经由对中韩文化的关注，了解跨文化传播，并通过多元文化碰撞，促进国际理解和文化自反性的形成。

1. 邀请讲座与讨论

课堂内容主要由系列讲座组成，包括但不限于：跨文化传播理论与社会科学研究方法、中国媒体纵览、东亚社会的现代性与后现代性等学术讲座；在京韩国企业家/在韩中国企业家、在京韩国记者/在韩中国记者等邀请讲座、在京韩国学生/在韩中国学生等圆桌论坛。讲座后两校师生进行充分的问答与讨论。

尽管这是一个小型课堂，来演讲的嘉宾却各具特色，不乏重量级嘉宾和高人气嘉宾。韩国两位前驻华大使应邀来访，给学生讲述他们对于中韩关系和中韩文化的理解。《人民日报》驻韩首席记者、CJ集团娱乐媒体部门中国区总裁、Missha中国区总经理都曾来到课堂，对两国经济和文化进行比较和分享。韩剧《来自星星的你》的导演和KBS《超级中国》纪录片导演也曾来跟同学们分享对韩国影视业的思考。

这些讲座带来了新鲜的知识，极大地激发了同学们的兴趣。特别是让韩国年轻人改变脑海中的刻板印象，看到和了解到真正的中国。两国课堂上的不少选课学生都表示要在未来去对方国家留学或者从事文化交流工作。

2. 合作研究

每年选课的同学都会围绕传统文化、性别、消费主义、个人主义与集体主义这四个主要领域选择自己感兴趣的话题，展开合

后记 跨国融合式课程的创新探索

作研究。这四个话题是文化研究领域的重要议题，也是课程导师认为可以将学术概念和中韩文化实践探索结合的领域。

我们鼓励同学组成研究小组，小组中需包含不同国籍的同学。这样不同文化背景的同学可以在研究过程的不同环节进行讨论和观点互换。对彼此文化的重视，贯穿在研究的每个环节。

同学们遵循课程研究方法的训练，从开题到研究方案确立，到中期汇报，再到最终陈述，每个环节都会获得导师和助教的课内指导和课外指导。在全班同学面前汇报时，更是收获了宝贵的建议。其他组的同学会针对某一组的汇报进行提问和讨论，从研究结论和对研究议题的理解上提出自己的看法。

例如，在2017年的课程中，助教操作镜头，给首尔国立大学的一组同学特写，三位同学笑着挥手示意，陈述了自己的研究议题——对中国香港和芬兰赫尔辛基两地青年的消费行为进行比较，揭示两地青年的消费观念差异，并分析差异背后存在什么样的文化原因。此后，清华大学的一名大四学生对着摄像头举手提问："你们研究的是青年消费观念差异，但你们将研究对象的年龄限定在了18—23岁，这个年龄段的人主要是大学生，并没有太多收入，他们的消费行为能否准确地代表全体青年？是否应该将工作后的有收入青年人纳入研究范围？"首尔国立大学的同学们表示会根据此建议进一步完善研究。

当清华大学美术学院的薛同学陈述完自己的小组研究——对比中韩娱乐产业中男星的男性气质变迁后，首尔国立大学的一位韩国同学建议道："你们在研究中用了 Celebrity 一词，但这个词的操作性定义是什么呢？在韩国，歌手、偶像、演员、搞笑艺人是不一样的，也许你们的研究也可以对不同的类型进行进一步地区分和说明。"清华的同学们也觉得这样的概念细分是很有帮助的。

最终，历届的同学也会将研究结果写成英文论文。

（三）课程的课外延伸：实地互访与 SRT 项目

"中韩对话"的学业交流不限于视频连线的课堂，而是围绕这一主题进行了多种课外延伸，尽量鼓励两国学生见面和互访，并且通过访问对方国家来实地了解对方的历史文化。

1. 师生互访与暑期学校

在 2012 年和 2013 年课程中，首尔国立大学选课学生曾在韩方课程导师带队下访华一周，参观北京的重要媒体，和清华学生面对面交流。

清华学生也曾在老师带队下多次参访韩国驻华使馆和韩国文化院。

2014 年，中国选课学生中 6 名成绩优秀者在课程之后的寒假期间获全额资助访韩一周，两名获资助参加韩国首尔大学为期一个月的暑期学校；2015 年，中国选课学生中有两名获得机票与住宿资助赴韩参加一个月的暑期学校。此后每年暑假均有一位优秀选课学生获得暑期学校资助，前往韩国访问交流。

2. 赴韩跨文化交流实践

2019 年，笔者在清华大学团委和清华大学学生全球胜任力发展指导中心的支持下，作为中方课程导师在开学前一周带领清华选课同学访韩以全方位接触和探索韩国文化。

6 天的交流实践中，同学们与首尔国立大学的选课学生进行了见面，还聆听了首尔国立大学新闻传播系教授们的学术讲座，并积极参加学术讨论；更走访了中国驻韩大使馆、韩国国会和中日韩三国合作组织，进一步了解中韩在外交、经济和文化历史方面的知识；参观了 KBS、MBC 和 JTBC 三家韩国主流电视台，了解了韩国的新闻业与娱乐业。同学们的学术好奇心和语言能力给首尔大学的师生和中国驻韩国大使馆以及韩国电视台的工作人员留下了深刻印象。

在旅途中，本文作者还指导清华选课同学及时撰写、修改新

后记　跨国融合式课程的创新探索

闻稿,在"清华大学社会实践""清华大学国际教育""清小新"发出四篇新闻稿,[①] 并拍摄了 4 部"学术综艺"Vlog,在 B 站上发布。[②]

在实践中,同学们纷纷表示收获很大。材料学院的同学对音乐背后的文化的理解更加深入了,新闻与传播学院的同学突破了对流行文化的刻板印象,法学院的同学看到了社会谦逊的底色。大家对韩国和中国都有了新的认识,队员们在实践中也收获了深厚的友谊。

3. "中韩学生论坛"

该课程的影响力早已超出课堂的范围,当韩国首尔国立大学新闻传播系计划带学生访华时,首先想到的便是有着多年教学合作的清华大学新闻与传播学院。副教授 Kim Hyun Suk 与学生一行 39 人,于 2019 年 9 月赴清华大学访问交流。在首尔国立大学一行参观清华、拜访新闻与传播学院之后,我们举行了"中韩学生论坛"。

在论坛中,两校各有几名学生作为代表,用英语发表,分享了自己的研究,并展开了热烈讨论。讨论室欢声笑语,其乐融融。

4. SRT

"SRT"是 Student Research Training 的简称,即大学生研究训练计划,是针对在校本科生开展的科学研究训练项目。一些没有机会选修《中韩对话》课程的同学,和希望在课程之后进一步发展和完善自己相关研究的同学,主动发起了 SRT 项目。在 SRT 项目获批后,同学们就自己关心的议题展开了新的合作研究,在研

---

① 包括:《清华大学"中韩对话"实践支队抵韩开启中韩跨文化交流之旅》《"中韩对话"跨文化交流实践支队访问首尔国立大学圆满完成新学期第一课》《"中韩对话"实践支队访问韩国三家电视台近距离观察韩国主流媒体》《清华大学"中韩对话"实践支队走进中国驻韩大使馆》。

② 包括:《到达+韩国国立中央博物馆》《探秘韩国电视台之 MBC 篇》《探秘韩国电视台之 KBS 和 JTBC 篇》《三国合作秘书处!韩国国会!》。

究中深化了对双方文化的了解，形成了十几篇研究报告，有效提升了自己的研究能力。

该项目完成后，获得2017年清华大学校级优秀项目二等奖。笔者也荣获了当年度的SRT计划优秀指导教师二等奖。

四 课程教学效果：从两国一课到全球一课，推动青年思考与创新

（一）从两国一课到全球一课

"中韩对话"作为一门全校性通识选修课和文化素养提升课程，选课同学来自各个院系，包括但不限于清华大学的新闻与传播学院、人文学院、建筑学院、美术学院、法学院，以及计算机系、化学系等其他工科院系。同学带着完全不同的方法论和思维训练进入这个人文社科领域，学习质化和量化的社会科学研究方法，克服学科壁垒，对自己感兴趣的跨文化议题展开探索和沟通。

韩国首尔大学方还有来自政治学、文学、历史和工程专业的学生。每个人的学科背景不同，研究兴趣广泛，课堂交流与分享也往往能引发其他同学极大的兴趣和讨论。

近年来，越来越多在首尔国立大学的国际交换生选修这门课。每年课程都有来自美国、加拿大、德国、法国、荷兰、澳大利亚、芬兰等国的学生。他们带着对东亚文化的好奇来到课堂，又在课堂上贡献和分享着西方世界的文化观点，让选课学生获得更为多元化的视角。

清华大学旨在将迈向更国际、更创新和更人文的道路。这门课程也为此做出了努力。

（二）推动青年思考与创新

青年学生敏于观察世界、观察社会。这门课推动他们去思考身边事，积极寻求解决之道。

2013年的选课学生郭同学在与韩国学生的面对面交流中发现"等级制度"成为影响社会阶层向上流动的障碍，而韩国的等级制度更为森严。郭同学表示："有效的跨文化沟通或学习就应该是人对人、面对面的，而不是隔着媒介。学术角度的交流让我们的视野和思维意识少了些狭隘。"

同学们有很多共同感兴趣的话题，几乎每年都会被翻出来讨论一遍，例如为什么中韩年轻人进入企业，感受到的企业文化不同？中韩大学生到底谁更集体主义，谁更个人主义？中韩大学生的饮酒文化、中韩粉丝的应援文化、中韩青年奢侈品消费方式、中韩青年的婚礼成本有什么不同，不同在哪里？

还有一些话题颇具争议性，如中韩端午祭之争、中韩综艺节目版权之争，实际情况究竟如何？是否和大众想的是一样的呢？

更有不少同学从专业角度出发，对中韩传统文化和当代文化中的某些现象展开了深入探究，包括从建筑艺术视角出发，对太和殿与勤政殿的彩画和丹青的纹样和色彩进行对比，对韩屋与北京四合院的现代化改造进行对比；从法学视角出发，对中韩儿童信息保护立法进行比较，对中韩司法人员培养制度进行比较；从医学生角度出发，对中韩传统医药进行比较；从电子音乐创作者角度出发，讨论中韩流行音乐中的文化杂交现象；从传播学的游戏研究角度出发，对中韩电竞产业发展进行对比；等等。

这些议题兼具趣味性和学术性，反映出一代优秀大学生积极的探索精神、活跃的思维和进行跨文化交流的能力。

(三) 消除文化误会，提升中国文化影响力

课堂内的深入探讨和课堂外的实地走访共同作用，极大地促进了两校选课学生的沟通，让两国年轻人改变脑中的刻板印象，看到和了解到真正的中国和韩国。

赴中国的实地考察，让韩国学生更真切感受到中国的"不一样"。韩国选课学生车有珍在来北京前，对中国的全部想象就是

狭小而肮脏的胡同。当他和其他 9 位同学结束为期 5 天的北京之行时，所有人都被北京的都市风貌所震撼。车有珍更希望未来有机会把自己的生意领域扩大到中国。他说："如果能申请到奖学金，我还想到中国读一个 MBA，学习中国的一些企业文化，因为中国的广阔市场是所有韩国商人的必争之地。"

清华大学法学院的金同学更是一个代表性案例。他连续两年担任"中韩对话"的清华方助教，并以学长身份协助后续几年的教学工作。因通过课程的参与架起清华中韩青年人的桥梁，他被韩国驻华大使授予"优秀大学生名誉外交官"的称号。在美国完成硕士学位后，他在 2020 年秋季学期回到清华法学院继续读博，成为清华法学院史上第一个获得高校自荐的中国政府奖学金的国际博士生，希望能在中、美、韩跨区环境与能源领域方面展开研究，在将来积极的多边关系中发挥自己的作用。

五 总结：以跨国融合式课程，推动跨文化传播，助力建构人类命运共同体

"这个世界，各国相互联系、相互依存的程度空前加深，人类生活在同一个地球村里，生活在历史和现实交汇的同一个时空里，越来越成为你中有我、我中有你的命运共同体。"2013 年习近平主席首次提出了"人类命运共同体"的重要理念。

十年来，人类命运共同体理念已深入人心，先后写入了《中国共产党章程》《中华人民共和国宪法》，也写入了联合国、上海合作组织等多边机制的重要文件，对中国和世界的发展发挥着深远的影响。

"中韩对话"课程从开创起，其愿景与后续的课堂教学和课外延伸，都高度契合这一理念。各民族、各国家的前途命运，终究要靠全世界人民来共同建设。相互联系、相互依存的良性发

后记 跨国融合式课程的创新探索

展,也终究要依赖于人民之间的相互理解与共情。

"中韩对话"的跨国融合课程,只是两所高校在这个方向上迈出的小小一步。但它也顺应了时代大潮的方向,积累了一些经验,真正达成了推动跨文化传播、助力构建人类命运共同体的实际效果。希望这样的课程教学与课外延伸,在我国与各国的高校中越来越多。